THE PRINCIPLES OF VICTORY

常勝集団の

自ら学び成長する人材が育つ
「岩出式」心のマネジメント

プリンシプル

帝京大学ラグビー部監督
岩出雅之

日経BP社

常勝集団のプリンシプル

｜目次｜

第2章

平成生まれによく効くモチベーション・マネジメント 53

第3章　「無意識の蓄積」で人間的成長を促す
――外的環境づくり　91

第4章

逆境に負けないメンタルを育成する

第5章

幸せ（フロー）になる技術
――自分の実力を100％発揮する方法 155

第6章 最強のコアコンピタンス組織文化のつくり方

岩出教授の「勝利を引き寄せる」心理学講座

第7章

常勝集団を築くためのリーダーの心構え 221

プロローグ

点差は13点に広がった。

今シーズン、これほど劣勢に立たされたことはない。

だが、グラウンド上の帝京大学の選手たちは、躍動しているように、私には見えた。

2018年1月8日、東京・秩父宮ラグビー場。空は晴れわたり、風は少しあるものの、絶好のラグビー日和だった。第54回全国大学ラグビーフットボール選手権の決勝戦に駒を進めたのは、8連覇中のわが帝京大学と、過去12度の優勝を誇る明治大学である。

当初、ゲームの主導権を握ったのは明治大学だった。前半で三つのトライを奪われ、7対17とリードを許した。

負けたら終わりのトーナメント戦。前半終了時点で、10点引き離されているのは、普通なら痛い。けれども、ハーフタイムでロッカールームに戻ってきた選手たちに、追い詰められた様子はまったくなかった。

前半の明治大学のプレーは素晴らしかった。つい1カ月ほど前の11月18日に関東大学対抗戦で対戦した時には、41対14で勝利を収めたが、そこから明らかに進化している。帝京大学の選手の中には、その勝利の記憶があり、戸惑いや油断があったかもしれない。目の前にいた敵は、まるで別人の集団だった。

私たちは、こういう高いレベルの戦いを熱望していた。そして、大学選手権決勝という最高の舞台。こんなシチュエーションは、一生のうち何度も経験できるものではないだろう。

この瞬間を楽しまない手はない。

グラウンドの選手たちはみな、そう感じていた。

帝京大学ラグビー部の今年度のテーマは、「楽しむ」ことだった。

人間は、いま取り組んでいることに楽しさを感じる時、能力を存分に発揮できる。自分が置かれている状況を苦しいと思うか、楽しいと思うか、何も感じないかは、本人の感性と解釈次第だ。

「過去」の後悔（もっと準備、練習しておけばよかった）や「未来」の不安（負けたらどうしよう）にとらわれていると、最も大切な「現在」に集中できなくなる。「現在」は、刻々と過ぎていく。体感的な時間としては3秒くらいだろう。川の流れのようにどんどん流れていく「現在」に心理的エネルギーを集中し、いかに楽しむことができるか。帝京大学ラグビー部ではこの1年間、練習や日常生活を通じて、自分をコントロールして「現在」に集中し、楽しむことに、全員で取り組んできた。

まさにいま、1年かけて準備してきたことの集大成を見せる時だ。

ハーフタイム、私は選手たちにこう言った。

「厳しい時こそ楽しもう！　勝ってもよし、負けてもよし。それが成長につながる」

選手たちは円陣を組んだ。みんな笑顔だった。

それを見て、うれしくなった。

後半の40分がスタートした。開始4分、明治大学のペナルティーキックが決まり、7対20。点差は13点に広がった。しかし、選手たちは落ち着いていた。むしろ表情はよくなった。前半は動きが硬かったが、いまは本来の動きを取り戻している。

相手の運動量が少し落ちてきたこともあり、後半15分と20分に立て続けにトライを奪った。ともにゴールキックも成功して、21対20と逆転。1点差でそのまま逃げ切ることができた。

大学選手権9連覇達成——。今年も学生たちが偉業を成し遂げてくれた。彼らが、試合に出られなかった部員やその家族、サポートメンバー、大学関係者、ラグビーファンを笑顔にしてくれた。そのことが何より誇らしい。

私は決勝戦の試合後、楽しみにしていることがある。主将のインタビューだ。歴代の主将は、そこに1年間の思いを詰め込んで、本音を語ってきた。

2017年度の主将、堀越康介君は、こう語った。

「我慢の時間が長かったが、きついとか苦しいとか思うのではなくて、厳しい時間を楽しむということを全員で信じて実践できた。その結果が優勝という形に表れて本当にうれしいです」

指揮官としては胃の痛くなるような試合だったが、堀越主将は「厳しい時間を楽しめた」ことを勝因としてあげた。集大成にふさわしい言葉だった。

彼らはラグビー選手としてだけではなく、人として大きく成長したんだなと感じた。

全国大学ラグビーフットボール選手権　歴代優勝校一覧

第1回（1964）法政大学
第2回（1965）早稲田大学
第3回（1966）早稲田大学
第4回（1967）法政大学
第5回（1968）慶應義塾大学　早稲田大学
第6回（1969）日本体育大学
第7回（1970）早稲田大学
第8回（1971）早稲田大学
第9回（1972）明治大学
第10回（1973）早稲田大学
第11回（1974）早稲田大学
第12回（1975）明治大学
第13回（1976）早稲田大学
第14回（1977）明治大学
第15回（1978）日本体育大学
第16回（1979）明治大学
第17回（1980）同志社大学
第18回（1981）明治大学
第19回（1982）同志社大学
第20回（1983）同志社大学
第21回（1984）同志社大学
第22回（1985）慶應義塾大学　明治大学
第23回（1986）大東文化大学
第24回（1987）早稲田大学
第25回（1988）大東文化大学　明治大学
第26回（1989）早稲田大学
第27回（1990）明治大学
第28回（1991）明治大学
第29回（1992）法政大学
第30回（1993）明治大学
第31回（1994）大東文化大学
第32回（1995）明治大学
第33回（1996）明治大学
第34回（1997）関東学院大学
第35回（1998）関東学院大学
第36回（1999）慶應義塾大学
第37回（2000）関東学院大学
第38回（2001）関東学院大学
第39回（2002）早稲田大学
第40回（2003）関東学院大学
第41回（2004）早稲田大学
第42回（2005）早稲田大学
第43回（2006）関東学院大学
第44回（2007）早稲田大学
第45回（2008）早稲田大学
第46回（2009）帝京大学
第47回（2010）帝京大学
第48回（2011）帝京大学
第49回（2012）帝京大学
第50回（2013）帝京大学
第51回（2014）帝京大学
第52回（2015）帝京大学
第53回（2016）帝京大学
第54回（2017）帝京大学

はじめに

「勝ち続ける秘訣を教えてほしい」

「いまどきの若者のやる気を引き出すコツは何ですか」

　ここ数年、企業の幹部の方たちから、こんな質問をよく受けるようになりました。


　私が監督を務める帝京大学ラグビー部は２０１８年1月、全国大学ラグビーフットボール選手権決勝で明治大学を下し、９連覇を達成しました。次の10連覇に向けて、すでに戦いはスタートしています。

　帝京大学が９連覇を果たす以前は、同志社大学の3連覇（１９８２〜１９８４年度）が最高記録でした。当時の同志社には、のちにスター選手となる平尾誠二氏や大八木淳史氏が在籍し、とても強いチームでした。こうした逸材がそろえば、その間、連覇することも可能ですが、大学生は4年で卒業し、メンバーが入れ替わります。チームを高いレベルに保ち毎年優勝を続けることは、大学スポーツでは非常に難しいとされてきました。

だからこそ、「帝京大学ラグビー部は、いったいどんなことをしているのか?」「常勝集団をつくりあげた監督に、ぜひ話をうかがいたい」と、企業やさまざまな団体の方々から、私のところに講演依頼が増えているのだと思います。

その中でも、特に冒頭のような質問を頻繁に受けるようになりました。

私は、ラグビーのことならいくらでも話せるのですが、それが果たして企業の方々の役に立つのか、少し前までは不安でした。けれども、講演会などを通じて、実際に企業幹部の方々と交流し、悩みなどをうかがってみると、ラグビーのチームマネジメントや人材育成と企業経営には、共通点が非常に多いことに気づきました。

ラグビーもビジネスも、それを動かすのは「人」です。

そして、人は「心(マインドセット)」によって動きます。

心というと「この人もまた精神論を振りかざすのか」と、うんざりされる読者がいるかもしれません。

安心してください。

私は軍隊的、あるいは昔ながらの体育会的な精神論を振りかざすつもりはありませ

ラグビー競技の連覇記録

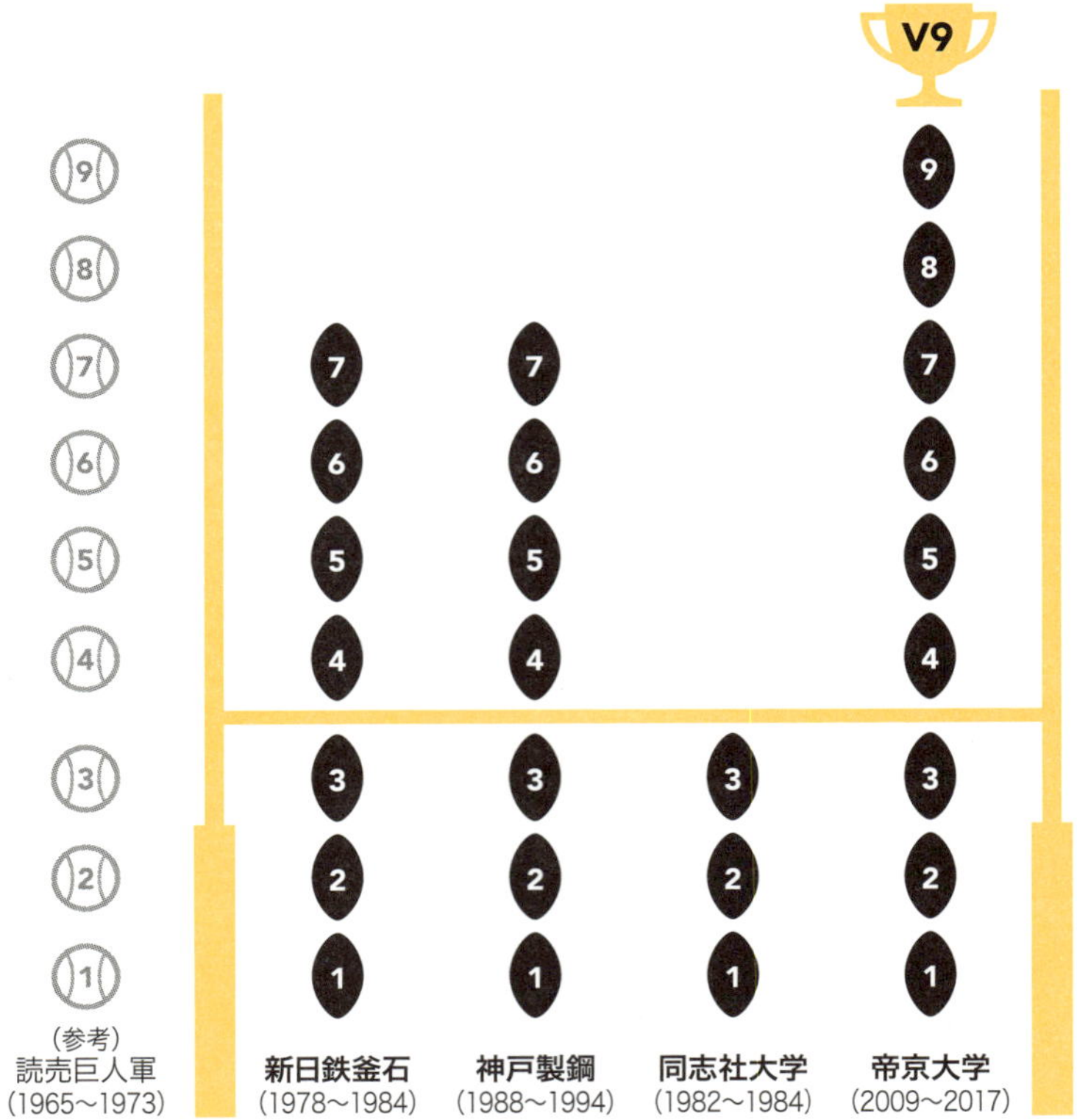

注）大学は全国大学選手権、新日鉄釜石（現・釜石シーウェイブスRFC）と神戸製鋼は日本選手権の記録。

ん。むしろ、逆です。古い精神論、根性論やそれを前提とした組織構造を見直し、新しい時代・世代に合ったモチベーション・メソッドなどの科学的・心理学的手法に着目し、試行錯誤しながらラグビー部の活動に応用しています。

それらを通じて、新しいリーダーシップのあり方、人間関係、チームワーク、組織文化・風土、空気感を創造することをめざしています。まだ道半ばですが、手応えを感じつつ、いまに至っています。

私が本書でお伝えしたいことは大きく二つあります。

一つ目は、「勝ち続ける組織のつくり方」です。

おそらく、みなさんが私に期待しているのはこの質問の答えでしょう。

勝ち続ける組織と聞いて、みなさんはどのような組織を想像しますか。

私の考えを先に言いましょう。

常勝集団のプリンシプル 1

勝ち続ける組織とは、「メンバー一人ひとりが自律的に考え、行動し、仲間と助け合いながら、自ら学習、成長する集団」

と定義しています。

詳しくは後述しますが、ポイントは、トップやリーダーが配下のメンバーを無理やり成長させようとするのではなく、メンバーが自ら成長できるようにサポートする側に回ることです。

最も重要なのは「自ら成長する」という点。

指導者というのは、その名称の通り、「オレについて来い」式で、つい熱血指導したくなります。私も最初はそうでした。

帝京大学ラグビー部監督に就任したのが1996年。最初の10年はまったく勝てませんでした。その頃の私は未熟で、「勝ちたい」という思いばかりが強く、部員たちをビシビシと鍛えて、大学ラグビー界で伝統のある早稲田大学や明治大学、慶應義塾大学のような強豪に一日でも早く追いつきたいと、もがいていました。

当時の選手たちも、厳しい練習についてきてくれていました。ひょっとしたら、いまの選手よりも、きつい練習をしていたかもしれません。
しかし、パスやキック、スクラムといった技術の練習や戦術分析をいくらしても、ラグビー伝統校の壁は厚く、チームはなかなか勝てません。
私は、ある時ふと気づきました。トップが強烈に指導するから、強くならないのではないか、と。

会社でも、「オレについて来い」式の上司の下には、「指示待ち」の部下が増えていきます。

リーダーや指導者の指示命令をメンバーが忠実にこなすスタイルでは、チームはあるレベルまで実績を出せたとしても、そこで壁にぶち当たり、それ以上の成果は出せない。そのことに10年かかってようやく気づいたのです。

一方、メンバーが自己成長する組織には、こうした限界がありません。
組織のトップが指示や命令をいちいち出さなくても、メンバーそれぞれが日々の成功や失敗から学び、組織で共有して自律的に学習します。すると、組織の弱点が自動的に補強されるだけでなく、あちこちでイノベーションが生まれ、組織は強さを増しながら成長していきます。

人間の体は、いちいち意識しなくても、呼吸や心臓を鼓動させることができます。擦り傷を負っても、白血球などが外から侵入しようとする菌をやっつけ、血小板が固まって止血し、皮膚が自動的に修復されていきます。

こうした体の仕組みのように、指示命令なしに「自律的」に動く文化を組織に組み込んだものが、「自律型組織」です。

もちろん、こうした組織が自然にできあがるわけではありません。重要なのはこれです。

常勝集団のプリンシプル 2

まずはトップやリーダーが変わらなければならない

私は大学時代、ラグビー漬けの生活を送り、日本体育大学で3年生の時、大学選手権で優勝を経験しています。

その頃を振り返ると、時代は昭和のまっただ中ですから、練習では「水を飲むな」と言われ、うさぎ跳びをし、上級生には絶対服従、鉄拳制裁もありという、昔ながらの「ザ・体育会」の文化にどっぷり浸っていました。

こうした自分の過去の成功体験を捨て、組織のリーダーが一人で引っ張る「センターコントロール型」から、メンバーが自ら成長する「自律型成長組織」をめざそうと意識を変えていきました。

組織メンバーが「自律的」に動く文化をつくることには手間と時間がかかり、指示命令をするほうが、リーダーとしては圧倒的に楽です。ただし、楽な分、効果はほとんどありません。

人間というのは、他人から「変われ」と言われて変わるものではありません。変われるとしたら、自分で「変わりたい」と強く願い、自律的に自己変革に取り組んだ場合だけです。

だからこそ、メンバーの人間的な成長をめざすのであれば、トップやリーダーは、指示命令の代わりに、メンバーの「自律」を促す環境づくりに精力的に取り組まなければなりません。

その具体的な方法は、後ほど紹介します。

常勝集団のプリンシプル 3

メンバーの「自律」を促す心のマネジメントに精力的に取り組む

メンバーの「自律」を促す環境づくりというのは、非常に遠回りで気の長いアプローチです。

たとえば、小学生の子どもが床におもちゃを散らかしているとします。親が子に「遊び終わったら、片付けなさい！」と命令すれば、その場では片付くでしょう。片付けたいと思っていた親の目的は、直ちに達成されます。しかし、また数日後には、同じ状況に直面し、「何度言ったらわかるの？　遊び終わったら、片付けなさい！」と怒鳴ることになるでしょう。

「自律」を促す環境づくりをめざすなら、「片付けなさい」と命令によって行動を強制するのではなく、子どもが自発的に片付ける気になるように、片付けの意味を一緒に考えたり、片付け後の気持ちよさを体感してもらったり、家族の役に立っていることを伝えたりすべきでしょう。

かなり回りくどいやり方です。時間がかかるし、親のほうに忍耐が必要です。子どもにおもちゃを片付けさせるのに、ここまでしたくないと思われるかもしれません。

目先の短期的効果や効率を考えたら、指示命令ほど楽なものはありません。即効性があるし、取りあえず状況を思い通りに変えられます。

しかし、指示命令を受けた側にどれくらいの「人間的な成長」があったかを考えてみてください。ほとんどの場合、成長は期待できません。つまり、**リーダーの指示命令は、リーダーが楽をするためのツールなのです。**

片付けの例からわかるように、指示命令は楽に直近の状況を変えられる分、効果の持続力は非常に短いので、リーダーは同じ命令を何度も出す必要があります。

「何度言ったらわかるんだ！」と部下に怒鳴るリーダーや指導者が身近にいると思いますが（かつての私もそうでした）、自分が楽に指導しているのだから、当然、部下には同じことを何度も言わなければならない。怒るのは筋違いです。

現代において組織を成長させるには、リーダーや指導者のあり方を根本から見直さなければなりません。平成生まれの学生と日々接していると、自分たちの昭和の時代とは違うということを痛感すると同時に、学生に昭和の価値観を押し付けるのではなく、私自身の接し方や指導法を彼らに合わせないといけないと強く思います。

もうあと10年もすれば、子どもだけでなく親も平成生まれが当たり前になります。だからこそ、人材育成やモチベーション・マネジメントをいまから「平成生まれ・平成育ち」にシフトしておかないと、企業を含め、あらゆる組織において、活力を維持することが難しくなるでしょう。

私がめざしている「自律型組織」の究極的な目的は、次の通りです。

常勝集団のプリンシプル 4

「自律型組織」の究極的な目的は、メンバーの人間的な成長とイノベーションを生み出す能力の開発

現代は、VUCA（ブーカ、と読みます）の時代と言われています。VUCAとは、Volatility（変動）、Uncertainty（不確実）、Complexity（複雑）、Ambiguity（曖昧）の頭文字をつなぎ合わせた造語で、非常に予測困難であるという意味です。

だからこそ、リーダー一人の判断・意思決定で組織を動かしていくことは非常に危険なのです。

スポーツでもビジネスでも、現場では、予想外の出来事が次々と起きていきます。予想外の変化に直面した時、メンバーが自ら判断できず、いちいちリーダーにおうか

がいを立てて行動していては、スピード不足で、変化には対応できません。

仕事に求められるパフォーマンスは2種類あります。

一つは、あらかじめ計画した戦略を確実に遂行する「戦略パフォーマンス」、もう一つは、予想外の事態・変化への最善の対応をめざす「適応パフォーマンス」です。

実は、この二つのパフォーマンスには、まったく異なる能力が求められます。「戦略パフォーマンス」はそれまでのやり方の改良・改善が中心になるのに対し、「適応パフォーマンス」は従来のやり方にとらわれない新しい発想、つまり創造力やイノベーションの発揮が求められます。

変化のスピードが速く、今後ますますＶＵＣＡの様相が強まっていく中で、ビジネスリーダーに求められるのは、明らかに後者の「適応パフォーマンス」です。

常勝集団のプリンシプル 5

ＶＵＣＡの世界を生き抜くため、「適応パフォーマンス」を発揮できる能力を身につける

ラグビーの試合においても、事前に相手の戦力や戦略を分析し、綿密に対策を練り上げます。実際に試合が始まってから、相手が事前の分析通りだった場合、負けるリ

スクはかなり低くなります。

問題なのは、不測の事態が起きた時です。相手が予想と違う戦略・戦術を実行してきたり、事前に弱点と考えていた部分が補強されていたり、試合直前に味方の主力選手にケガ人が相次いだりしたら、事前に立てた戦略の目算が大幅に狂います。

そこでパニックになれば、試合が終わるのを待たずに、敗北が決定です。

そうではなく、グラウンドに立った選手たちがそれぞれ相手の状況を的確に把握・分析して、新たな戦略を描き、グラウンド上の15人で素早く共有し、実行する。これこそが「適応パフォーマンス」であり、この能力が高ければ、いわゆる番狂わせで負ける確率をかなり小さくできます。後ほど紹介するOODAループ（ウーダループ）を、各メンバーが素早く回していくことがポイントです。

もちろん、試合になって初めてその能力を試すのではなく、普段の練習時から、主将だけでなくメンバー全員が、現状分析や戦略立案能力と、緻密で論理的で素早く伝わるコミュニケーション能力を磨き、メンバー間の信頼関係を高めておく必要があります。つまり、試合の時だけでなく、練習でも創造性が求められるのです。

自ら学習し成長する「自律型組織」をつくることは、トップからすると回り道に感じるかもしれませんが、回り道をした分、その効果は抜群に高く、ある程度基礎ができてしまえば、あとはアメーバ組織のように細胞分裂を繰り返しながら、自己増殖していってくれます。

リーダーは組織全体のビジョンを掲げ、方向づけをして、組織の現状把握に努めます。そのため、報連相（報告・連絡・相談）は欠かせません。

また、組織文化の大敵である「惰性」を生み出さないように、トップやリーダー自身、常にイノベーティブであることが求められます。

自律型組織では、トップが細かく指導しなくても、メンバーは勝手に成長してくれるので、トップはその余裕を、本来の仕事である組織の方向づけや、組織文化の浸透に振り向けられます。

本書で二つ目にお伝えしたいのは、

「自らの能力を100パーセント発揮する方法」です。

能力を100パーセント発揮するというのは目標で、実際には80～90パーセントかもしれません。しかし、たいていの人は、全国大会のような大舞台や、大規模プロジェクトの受注のかかった大事なプレゼンテーションや商談となると、実力の半分も発揮できません。

いざというときに、実力を発揮できないのは、とてももったいない話です。勝負強さは、スポーツでもビジネスの世界でも、強力な武器になるはずです。

実は、「自らの能力を100パーセント発揮する」には、ちゃんと科学的なノウハウがあります。それを詳しく説明したいと思います。

常勝集団のプリンシプル 6

普段の練習、生活を通じて、フロー状態に入る技術を身につける

フローとかゾーンという言葉を聞いたことはありませんか。

これについては後章で詳しく説明しますが、もし言葉を聞いたことがなくても、時間を忘れるほど何かに熱中したという経験は、誰にでもあるはずです。

それが、フローとかゾーンと呼ばれる状態です。その時、集中力が非常に高まり、自分の能力がいかんなく発揮されやすくなります。人間の能力にはリミッター（制限装置）が取り付けられていて、それを解放することにより、能力が限界近くまで発揮されるというイメージです。

そして何より、フローを体験することで、人は幸福感や楽しさを感じます。

実際のところ、フローに入りやすい人もいれば、なかなか入れない人もいます。多くの人は後者でしょう。しかし、いくつかの条件を整え、鍛錬を積み重ねれば、自分の意思でフローに入れるようになります。勝ち続けるためには、普段の練習時から、こうしたメンタルトレーニングが欠かせません。

ラグビー大学選手権9連覇の道のりでは、2017年度決勝の明治大学戦のように途中まで劣勢だったことが何度かあります。メンタルトレーニングを何もしていない人なら、「まずい、このままだと負ける！」という不安の大波に襲われて、現状に集中できなくなるでしょう。

フローに入っていると、相手にリードを奪われていても、その時間が「わくわくするような楽しい時間」と思えるようになります。

負けそうになっているのに、そんな気分になるなんて信じられない、と思われるかもしれません。フローというのは、過去（「もっと練習しておけばよかった」など）にも未来（「負けるかもしれない」「監督に怒られる」など）にもとらわれず、現在に極度に集中すると、普段なら早めに効き始める能力のリミッターが解放され、のびのびとプレーできるようになる。テレビゲームの「無敵モード」みたいなものです。

常勝集団のプリンシプル 7

最強のモチベーションは「お金」ではなく「楽しさ」

人は取り組んでいることに「楽しさ」を感じる時、モチベーションが最大になり、集中力が高まり、能力が全開になります。試合の時だけでなく、普段の練習やトレーニング、学生同士のミーティングなど、学生生活のさまざまな場面で「楽しさ」を感じられるようにすれば、各場面でのパフォーマンスは大幅に上がり、勉学でもスポーツでも結果を残せるようになります。

ただし、「楽しさ」を感じられるようにするには工夫が必要です。どうしたら、普段の練習時から「楽しさ」を感じられるようにできるのか、実は、これを2017年度のラグビー部の活動におけるテーマの一つにしました。のちほど、じっくりと解説します。

私はラグビー部の監督ですが、帝京大学の教員でもあります。その前には、公立中学や高校でも教員をしていました。

教員が生徒に望むのは、人間的な成長であり、卒業後に素晴らしい人生を送って、本人だけでなく周りの人も含めて幸せになってほしい、ということです。

そのために、大学4年間を社会人の準備期間と位置づけ、好きなラグビーを通じて、社会で通用する「基礎能力」をつけてほしいと願っています。人よりラグビーがうまくても、社会では通用しません。仕事ができるだけではなくて、リーダーシップがあり、周りからの人望があり、尊敬され、「あの人に頼まれたら断れないな」と思われるような人物にどうしたらなれるか。それを理想像として、私は、ラグビー部で人材育成を行っています。

本書は、私が帝京大学ラグビー部で実践してきた、ささやかな改革について書き記したものです。不十分なところも多々ありますが、手応えも十分にあります。

人を変えるのは難しいですが、自分自身で変わろうと思えば人は変わります。この数年で、人が大きく成長し、変わっていく様子を何度も目の当たりにしました。組織のリーダーにとって、これ以上の快感はありません。まさに快感です。

本書を手にしたビジネスリーダーの方たちにも、自律型成長組織の形成や内なるモチベーションを引き出すマネジメントを実践していただき、ぜひこの快感を味わってほしいと僭越ながら思っています。

また、ビジネスパーソンとして、自分の実力が今ひとつ発揮できていないと悩んでいる人や、リーダー層でメンバーのモチベーション喚起に苦労している人、「いまどきの若者は何を考えているのかわからない」とさじを投げてしまっている人に、本書が少しでも参考になれば幸いです。

岩出 雅之

第1章

業界の常識はたいてい非常識

本書の読者の中には、帝京大学ラグビー部について、まったくご存じない方が多いと思います。帝京大学ラグビー部には、旧来の体育会特有の組織や文化は存在しません。私たちはこれを「体育会系イノベーション（脱・体育会とも言います）」と名づけており、実はこれが「勝ち続けられる理由」と密接につながっています。

「体育会系イノベーション」に取り組み始めたのは約10年前から。それまでは、帝京大学ラグビー部も、他大学と同じような、いわゆる体育会系の組織体質でした。

技術や根性、伝統だけで勝てる時代は終わった

みなさんは、体育会についてどんなイメージをお持ちでしょうか。

ラグビーは、肉体を鍛え上げた大男が体と体をぶつけ合う格闘技のような激しいスポーツです。そのイメージから、チーム内部は、昔の軍隊のような縦社会で上下関係が厳しく、規律も厳格で、時に上級生や監督、コーチの理不尽な仕打ちもまかり通るという印象をお持ちの方がいるかもしれません。

高校や大学で体育会に所属した経験のある人ならわかると思うのですが、従来型の

体育会の組織文化の中では、4年生（高校であれば3年生）が最も威張っていて「神」のように振る舞っています。1年生はというと、言葉は悪いですが「奴隷」のように上級生の命令に100％従い、部内の雑用をことごとくこなすのが一般的です。

私自身、高校・大学でラグビー部に所属し、うさぎ跳びの特訓やら水を飲んではいけないやら、厳しい上下関係やら、いいことも嫌なこともたくさん経験しました。私が学生だった昭和のど真ん中に比べると、現在、その傾向はいくらか弱まっていますが、それでも基本精神は変わっていない気がします。図に示すとこんな感じです。

従来型の体育会系組織の構造

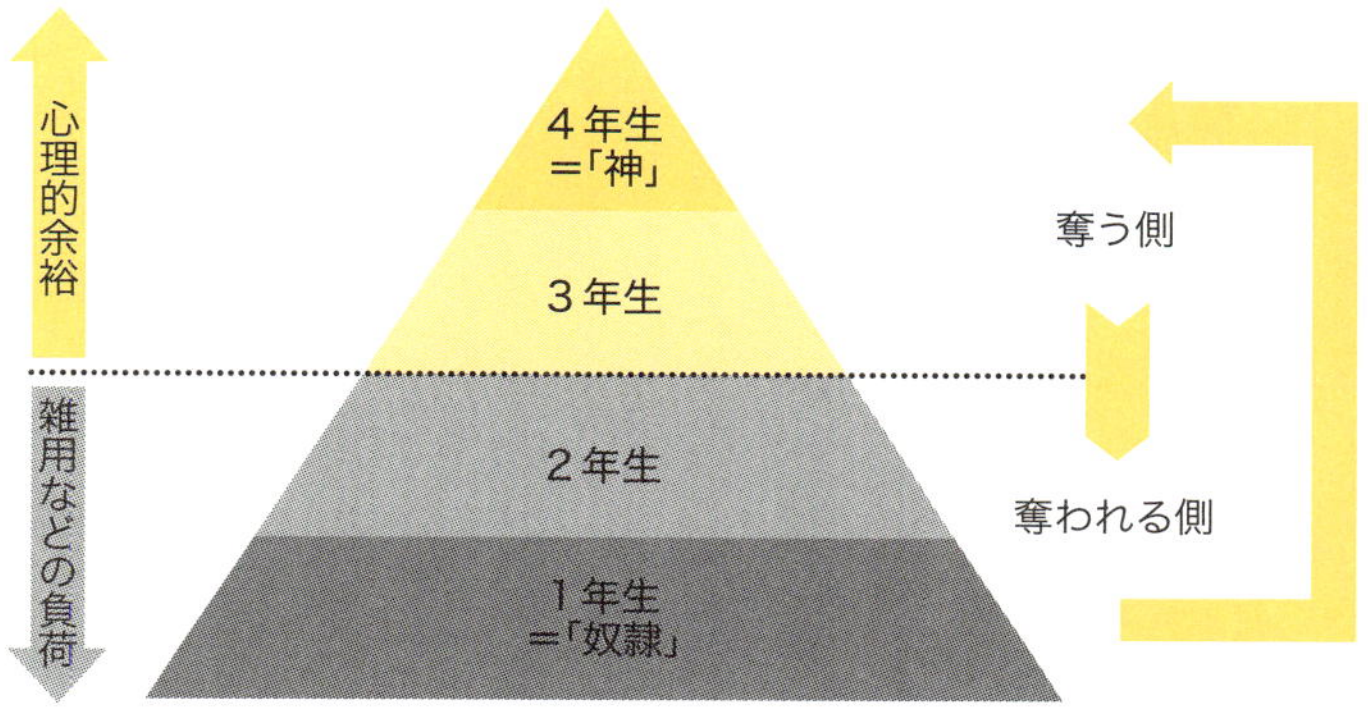

注）面積の大きさは雑用の量を表す

帝京大学ラグビー部も、私が監督に就任してしばらくは、このようなピラミッド構造のいわゆる伝統的な体育会系組織でした。

体育会系組織には、それなりのよさもあると思うのですが、それ以上に、現代に合っていない点が多々あります。実際のところ、激しい練習や根性、伝統だけで勝てる時代は終わったと思っています。これはビジネスの世界でも同じではないでしょうか。

現在の帝京大学ラグビー部では、先ほどのピラミッド構造が逆さまになっています。部内で最も雑用をこなすのは、最上級生の4年生です。1年生はまるっきりゼロではありませんが、雑

脱・体育会系組織の構造

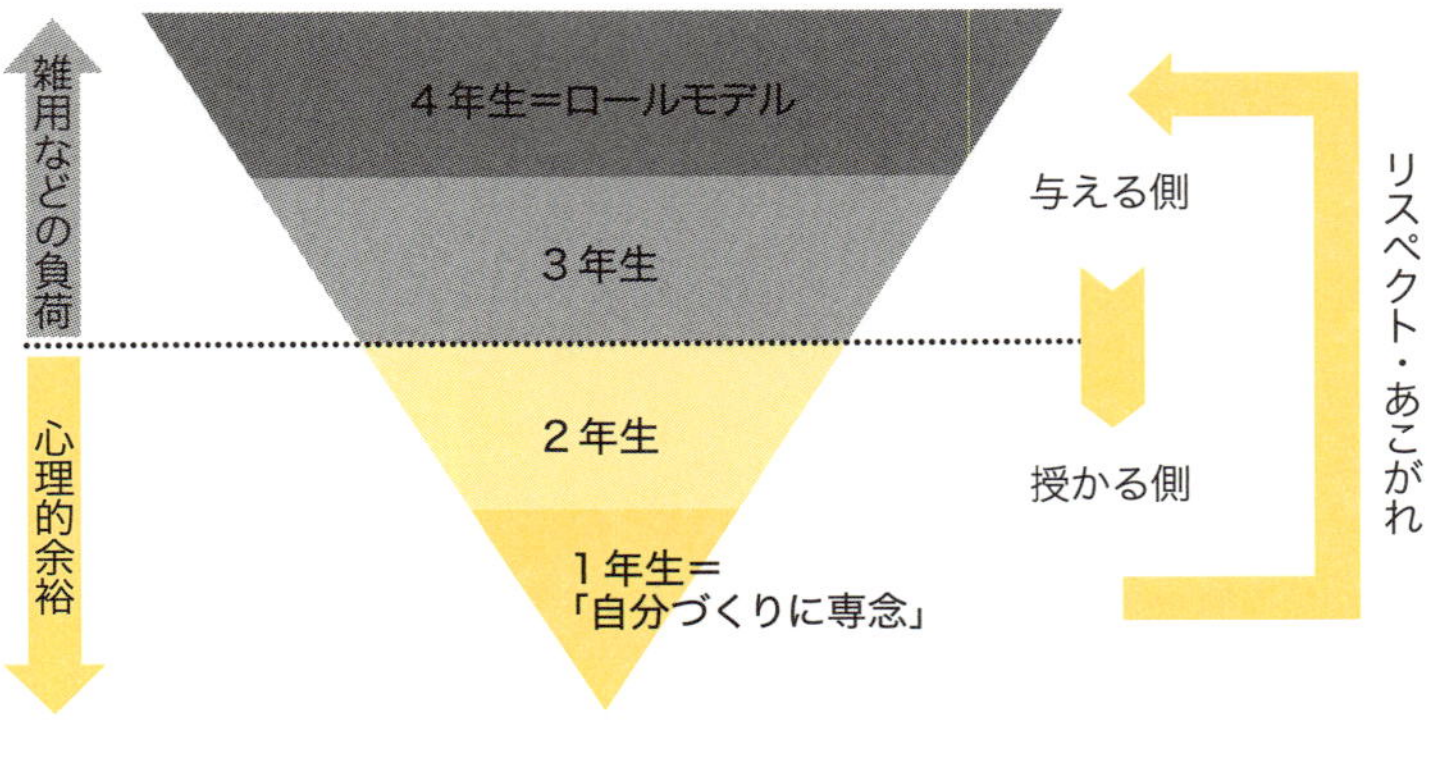

用からほとんど解放されています。

ラグビー部の学生寮、グラウンド、トイレ、クラブハウスなどは、常にきれいな状態が保たれていますが、毎日掃除をしているのは上級生の4年生と3年生です。食事当番も上級生の役目。レギュラーの選手でも、夕方、練習が終わったら道具を片付けてすぐに寮に戻り、食事の準備に取りかかりますが、1年生はゆっくりです。年に3~4回、部員全員でバーベキューをしますが、その準備や片付けも全部上級生がやります。1年生は食べて、楽しんで、会が終わったら、片付けをする4年生を横目にさっと帰っていきます。ただ、4年生の後片付けの手際は見事ですよ。もし、1年生がやっていたら2~3倍の時間がかかると思います。

昨年からは、アイロンがけも4年生の担当にしました。試合会場に向かう時など公式のイベント時に、ラグビー部員はワイシャツとブレザーを着用します。その時、シャツがよれよれだと、身も心もシャキッと引き締まりません。1年生の分まで、4年生がテキパキとアイロンがけしていきます。

もちろん、このように1年生の雑用の負担を軽くしていることには、理由があります。こうしたほうが、組織活性化や人材育成、モチベーション向上など、チームを強くする観点において非常にプラス効果が高いのです。

精神的余裕がある組織文化をつくる

まず、1年生というのは、心理的に余裕がありません。

地方から上京した学生はなおさらですが、それ以外の学生も、大学やラグビー部という新しい環境に慣れるまで時間がかかります。ラグビー部員は基本的に学生寮で共同生活を送ります。それまで、自分の母親に生活の面倒をすべてみてもらっていた学生にとっては、新しい生活への適応に莫大な心理的エネルギーを要します。

以前は、そういう状況をまったく考慮していませんでした。「最下級生だから」「自分も1年の頃はそうしていたから」という理由で、雑務はすべて1年生にやらせていた。つまり、長年染みついていた「体育会の常識」を信じて疑わなかったわけです。

しかし、冷静に考えてみてください。精神的に余裕がない状態で、雑務などをどんどん押し付けられると、どうなっていくと思いますか。

人が持っている心理的エネルギーの量は、個人差はあるものの、上限が決まっています。1年生は、新しい環境への適応に心理的エネルギーをたくさん必要とします。

心理的エネルギーを自分づくりに重点配分

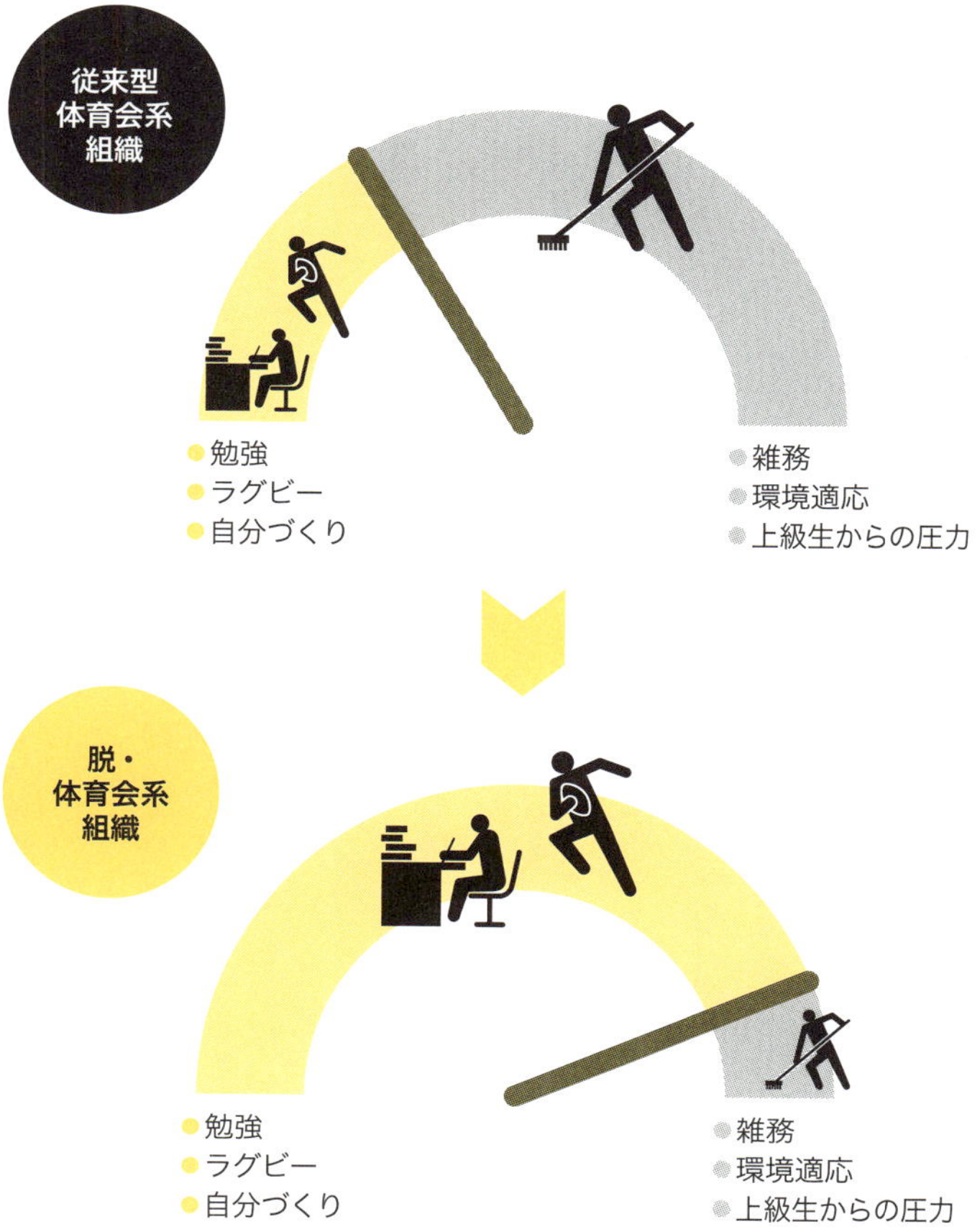

そのうえに、多くの雑務の負荷がかかったら、勉学やラグビーに振り向ける心理的エネルギーは、枯渇してしまいます。

それが5月病の原因にもなります。環境変化に心理的エネルギーを浪費して枯渇してしまうと、勉学にも、スポーツにも、仕事にも打ち込むことはできません。

伝統校にまったく勝てなかった10年間

私が帝京大学ラグビー部監督に就任したのは、1996年です。

最初の10年間は早稲田大学、明治大学、慶應義塾大学といった伝統校と呼ばれる大学にまったく勝てませんでした。その時期の私は、勝利という頂上をめざして、ラグビー部という重い荷車を、自分ひとりで坂道を引っ張りあげようとしていました。先頭に立って、部員に事細かく指示命令し、がむしゃらに組織を牽引していくことが、リーダーである自分の役割だと信じきっていたのです。

でも、荷車はなかなか坂道を上っていきません。

しかも、ラグビーの試合に勝てないだけでなく、卒業後に社会人として活躍できている部員が非常に少ないことも、自分にとってショックでした。

私はラグビー部の監督ですが、もともとは公立中学校や高校の教師をしており、帝京大学でも教員としてスポーツ心理学の授業を持っています。ラグビーを通じて人間的に成長してもらい、卒業後、社会で活躍してほしい。当時もいまも、ラグビーの勝利よりそちらのほうが大事だと本気で考えています。

10年負け続けて、やめようかと思ったことも正直あります。

練習は、厳しく行っていて、選手たちも頑張ってついてきてくれていた。技術的なレベルは上がっているのに、どうして勝てないのか悩みました。

そのうち、ある考えが頭をよぎるようになりました。

部員の成長を阻んでいる原因は、実は、自分の指導方法にあるのではないか?

自分の無力さを痛感させられた「二つの転機」

「監督が細かいところまで指示を出し、部員がその指示を忠実にこなす」という指揮官を頂点とするピラミッド型の組織（「センターコントロール型組織」と言います）

では、パフォーマンスの平均レベルの底上げにはある程度効果を発揮するが、そのレベルから上にはなかなか行けません。部員は、ひたすら監督からの指示を待ち、自分の頭で考えようとしなくなるからです。

これでは、人間的成長は期待できません。

その頃、「4年間で成長したな」と思っていた部員がいても、卒業して社会に出ると、伸びていたゴムが縮むように、入学時の未熟なレベルに戻っていました。卒業生を送り出す教員としては、「一緒に汗を流したあの4年間は何だったのだろう」と、自分の無力さを感じました。

もう一つ、自分にとって転機になった出来事があります。

2002年度の関東大学対抗戦の最終試合でのことでした。勝てば年末からの全国大学ラグビー選手権への出場が決まり、負ければ4年生は引退し、シーズンの公式戦は終了します。

私の知人もスタンドで観戦していたのですが、近くに座っていた1年生部員の一人が「負ければいいのに」とつぶやいたのを偶然聞いてしまいました。

知人からその話を聞いて、私はショックを受けました。

その1年生部員にとって、4年生は早くいなくなってほしい存在だったのでしょう。

旧来型の体育会では、4年生は「神」、1年生は「奴隷」のような存在で、学年が上がるごとに、その「地位」も上がり、自由度も上がっていきます。いまはまったく違うのですが、当時はうちのラグビー部も旧来型の体育会でした。「負ければいいのに」という言葉を実際に口に出した下級生が一人いるということは、口には出さないけれど心の中でそう思っている部員がもっといるはずです。

「勝ちたい」から「勝たせたい」、そして「幸せにしたい」へ

チームが一丸となって戦わなければ、勝利をつかみ取ることなどできません。「負ければいいのに」と思って自分の先輩や仲間たちの試合を見ている学生がいることと、その状況をつくり出しているのは自分だと思うと情けなくなりました。

こうした経験を通じて、私は、リーダーが一人で組織を引っ張ることの限界を嫌と言うほど思い知ったのです。これらの出来事は、私のチームづくりや人材育成の大きな転換点になりました。

「帝京大学ラグビー部の一番のファンは誰か?」

この問いに「ラグビー部に属している部員たち」と自信を持って答えられるようにしようと決心しました。

その結果、「体育会系イノベーション」に取り組んだのですが、一番変わったのは組織のリーダーである私自身です。

全然勝てなかった頃は、おそらくチームの中で私が一番「勝ちたい」と思っていました。しかし、先頭で強引に率いるスタイルをやめてからは、みんなに「勝たせたい」と思うようになりました。そうしたら、少しずつ勝てるようになったんです。

さらにいまは、「みんなを幸せにしたい」と本気で思っています。

指揮官のスタンスが勝利数を左右する

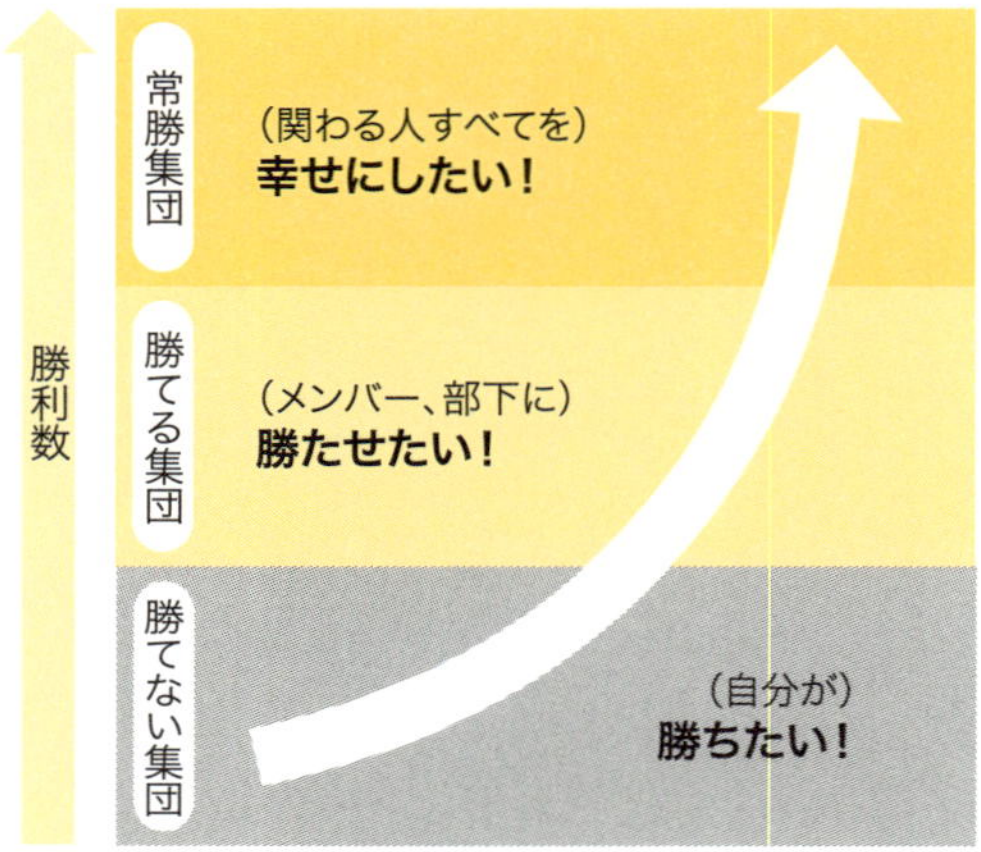

KEY TAKEAWAYS
第１章の重要ポイント

□常識を疑ってみる

体育会系組織では、最下級生である1年生が雑用を一手に引き受けるのが当たり前だった。しかし、心理的余裕のあまりない1年生に、さらなる負荷を与えると、大学生の本分である勉強にもクラブ活動にも打ち込めなくなる。そこで、発想を逆転させて、心理的余裕の最も大きい４年生に、雑用を任せてみた。その結果、1年生には心理的余裕が生まれ、スポーツにも勉強にも打ち込めるようになった。さらに、下級生は上級生から大事にされることで、上級生に対し、尊敬の念やあこがれを抱くようになり、一体感のある組織となった。

□センターコントロール型組織の限界を知る

指揮官が指示命令を下し、部下が忠実にこなすセンターコントロール型組織は、あるレベルまでは実績を出せても、それ以上には上がっていかない。なぜなら、指示命令は部下の人間的な成長につながらないからだ。常勝集団をめざすならば、指揮官の能力に依存するセンターコントロール型ではなく、組織のメンバーが自律的に学習し、成長する組織をめざすべきだ。

ン」は、X理論（旧来の体育会組織）からY理論への転換と言えるかもしれません。メンバーの可能性を信じて自律的な成長を促せるように環境を整え、刺激を与え、要所では軌道修正しながら辛抱強く見守ることが、リーダーの役割だと私は考えています。

X理論とY理論の人間像

	X理論	Y理論
人間の本質	受動的、怠惰、責任回避	自発的、責任感、創意工夫
何によって動くか	強制、圧力、命令	個人の目標と 組織の目標の統合
モチベーション 喚起の方法	アメとムチ	機会を与える

参考文献：『企業の人間的側面』（ダグラス・マグレガー著、高橋達男訳、産業能率大学出版部）

岩出教授の
「勝利を引き寄せる」
心理学講座

|01|
X理論とY理論

人はそもそも怠け者なのか?

あなたは人間の特質やモチベーションについて記した次の二つの「理論」のうち、どちらを支持しますか?

本来、人間は怠け者で、できるかぎり働かず楽をしようとする。責任を避けようとし、誰かに強制・命令されないと働かない(X理論)。

いやいや、そうじゃない。人間には元来、自己成長したいというモチベーションがあり、厳しく管理するよりも本人の自主性を尊重して権限を与え、方向づけなどをすれば、責任も進んで引き受け、組織の目標達成に向けて自発的に努力する(Y理論)。

これは、米国の経営学者ダグラス・マグレガーが1950年代に発表したX理論・Y理論で、人間の動機づけに関する有名な理論です。X理論が性悪説、Y理論が性善説とも言えます。組織のトップやリーダーが、このどちらの立場を取るかによって、組織のあり方やモチベーションの喚起のさせ方がまったく変わってしまいます。

いまの時代、特に、さまざまな面で満たされている平成世代を対象とするなら、がぜんY理論に基づいたモチベーション・マネジメントが重要です(緊急時対応などで、X理論が効果的な場合もあります)。

私が帝京大学ラグビー部で進めてきた「体育会系イノベーショ

天然芝グラウンドの確保など、ハード面を整えたのもこの時期です。次のステップとして、「動機づけ要因」の充実に取り組んでから、どんどん勝てるようになっていきました。

動機づけ要因と衛生要因

満足要因＝動機づけ要因	不満足要因＝衛生要因
達成	会社全体の管理・方針
承認	現場の監督のやり方
仕事そのもの	現場監督者との人間関係
責任	労働条件
昇進	給与
成長	同僚との関係
	個人生活
	部下との関係
	身分
	保障

参考資料：『仕事と人間性』（フレデリック・ハーズバーグ著、北野利信訳、東洋経済新報社）

岩出教授の
「勝利を引き寄せる」
心理学講座

|02|
動機づけ要因と衛生要因

不満を解消してもやる気は引き出せない

組織メンバーのモチベーション・マネジメントに取り組む時、押さえておきたいのが、「動機づけ要因」と「衛生要因」の違いです。満足の反対語は不満足なので、不満足を解消すれば満足度も上がると考えがちですが、そうはなりません。

米国の臨床心理学者フレデリック・ハーズバーグは、仕事への満足要因と不満足要因が別物であることを調査によって示しました。これは「動機づけ・衛生理論」と呼ばれています。人間には、苦痛を避けようとする「動物的欲求」と、精神的に成長しようとする「人間的欲求」という2種類の欲求があり、「動物的欲求」に当たるものを「衛生要因（不満足要因）」、人間的欲求に当たるものを「動機づけ要因（満足要因）」と分類しました。

たとえば、職場においては、「給与」は「衛生要因」に当たり、低いと不満に感じるが、どんどん上げていっても満足度はそれほど上がらない。一方、仕事の「達成感」は「動機づけ要因」であり、これを高めていくと働くことに対するモチベーションも高まる、というわけです。

私が帝京大学ラグビー部の監督になってから約20年たちましたが、いま振り返ると最初の勝てなかった10年は、主に「衛生要因」の解消に力を注いでいました。学生寮やトレーニング施設の建設、

「勝ち続けるためには、
体力や技術以上に、人間力が求められる」

第2章

平成生まれによく効く
モチベーション・マネジメント

いまどきの若者とはどう付き合えばいいんですか？

若手に根性を出させる方法ってどんなことがありますか？

最近、こんなインタビューを受けることが多くなりました。
ビジネスの世界でも、おじさんと若手の間のジェネレーションギャップや、コミュニケーションギャップに悩んでおられる方が多いんじゃないかと思います。

私は、帝京大学に来て約20年になります。私が赴任した当初の若者といまの若者を比較しても、本質的にはそんなに違いません。以前の学生と違うのは、コミュニケーションの接点の部分です。

いまの学生は子どもの頃からネット環境があったので、情報にはたけていますが、とても素直で、ピュアで、デリケートです。ちゃんと納得できることは、すーっと受け入れてくれる。そして、「これをやればしっかり成長していける」「大きな目標や目的を達成できる」と感じた時、若い人の心は動き、少しだけ背中を押してあげると、自律的に行動します。ただ、昭和世代に比べると大事に育てられているので、私が学生の頃は、上の人に何か言われたら「はい！」と言って、深く考えることもなく従っていましたが、いまはそういきません。

人の成長を阻むアメ・ムチ式指導

「はじめに」で少し触れましたが、私は1996年に帝京大学ラグビー部監督に就任しましたが、最初の10年間は、早稲田大学、明治大学、慶應義塾大学といった、大学ラグビー界の伝統校に、まったく勝てませんでした。その頃、わがラグビー部は、昔ながらの体育会体質であると同時に、私も、部員一人ひとりの個性や自律性を引き出そうとはせず、どちらかというと、こちらが何かを指示しないと動かない受動的な「駒」と見なし、アメとムチを使ってチームのレベルを引き上げようともがいていました。

この頃はまだ、モチベーションに関して、古い考え方にとらわれていました。つまり、トップが厳しく指導し、監視していないと、組織のメンバーはすぐ怠けてしまうという性悪説的な考え方です。

軍隊は、昔ながらの組織の典型と思われていますが、いまはその軍隊でさえ、指揮官が兵隊を駒のように動かす「センターコントロール型」から、現場に大半の権限を委譲し、指揮官は現場にミッション（大きな目的）を与えて細かな判断は任せる「ミッション・コマンド型」に変わってきています。

なぜなら、中東などのテロ集団はネットをフル活用し、その組織も柔軟に姿を変え、神出鬼没です。ゲリラやテロとの戦いになると、予想外の出来事が現場で次々と発生します。そうした激しい環境変化に対して、いちいち積み重ねられた階層を上にたどって、判断や攻撃許可を待っていたら、すぐにやられてしまいます。現場にはミッションを与え、あとは現場の判断に任せる（もちろん、任せるだけでなく、状況判断や的確な意思決定を下す訓練が欠かせません）ことで、予想外の事態にも素早く、クリエイティブに対応できるようになるわけです。

指導者には居心地のいい「モチベーション2・0」の世界

米国の著名なビジネス書作家のダニエル・ピンクは、『モチベーション3・0』（大前研一訳、講談社）の中で、生理的・本能的欲求が行動の源になる世界を「モチベーション1・0」、アメとムチといった外部からの報酬が有効な動機づけになる世界を「モチベーション2・0」、人には能力を発揮したい、自分でやりたいという欲求が本来あると考え、内からの欲求が動機づけになる世界を「モチベーション3・0」と名づけました。

ピンクはさまざまなモチベーションに関する学術論文を研究しました。その結果、アメとムチを使った動機づけによる「モチベーション2・0」が行き詰まっているにもかかわらず、多くの企業や組織がそこから離れられないことを嘆きつつ、解決策として「モチベーション3・0」を提案しています。

これは私見ですが、大学の体育会組織だけでなく、日本の企業や団体などほとんどの組織が、「モチベーション2・0」という基本原理で動いていると思います。しかし、ピンクの指摘通り、アカデミックの世界では、アメとムチを使った動機づけは効果的ではないどころか、創造性・イノベーションの発揮という点で悪影響を及ぼすことが、数多くの研究で示されています。つまり、科学的に結論が出ていることを実世界が信用していない状態がいまも続いているわけです。

「モチベーション2・0」が圧倒的な支持を得ている理由は、感覚的にはよくわかります。もともと私も「モチベーション2・0」の世界にどっぷりと漬かって育ってきたし、指導者としてしばらくは、この原理を信じて指導していました。鼻先にニンジンをぶら下げてやる気を奮い立たせ、言うことを聞かないやつには罰を与えて従わせる。実にわかりやすい。

しかし、人間はそんなに単純ではありません。

内発的動機と外発的動機

人のモチベーションが最も高まるのは、外部から与えられる報酬ではなく、内側から湧いてくる興味や楽しさを感じる時であり、お金などの報酬があるからその行為をするのではなく、その行為をすること自体が報酬になっている時だということがわかっています。

こうした内から湧いてくる動機のことを「内発的動機」と言い、アメやムチは「外発的動機」と言います。内発的動機がうまく発動された時、人は極めて高いレベルのパフォーマンスを発揮します。

これは、スポーツにおいても、ビジネスにおいても、望ましい状態ですよね。私たちは、その状態に到達することをめざしています。

人に言われてやるより、自分の意志や考えで自発的に動くほうが一生懸命になれることは、誰でも感覚的にわかっています。

ところが、私もかつてはそうでしたが、組織を動かすリーダー的な立場になると、なぜかそのことをころっと忘れてしまう。ついアメとムチで、安易に人を動かそうとしてしまいます。

確かに、アメとムチはわかりやすいし、即効性があります。監督が選手に、AではなくBをしろと命令すれば、選手は必ずBをしてくれます。選手がBをやる気になるまで待つ必要もない。だから、楽なんですね。

でも、選手は監督に言われたからBをしているだけで、なぜBをしないといけないのか、理由はよくわかっていません。だから、**自分で状況判断して、Bが求められている時にBをする、という応用が利きません。**

一方、内発的動機は簡単に引き出せるものではありません。部下をその気にさせるのにあれこれ気を遣うよりも、目標を達成したらご褒美があると提示したほうが単純明快です。だから、「モチベーション2・0」が世にはびこっているのでしょう。

お金は不満要因になっても動機にはなりにくい

米国の臨床心理学者、フレデリック・ハーズバーグは、人間の欲求には、苦痛や欠乏状態を避けたいという動物としての低レベルの欲求と、精神的に成長したいという高レベルの欲求の2種類あると考えました。

職場においては、前者に当たるのが「衛生要因（会社全体の管理・方針、現場の監督のやり方、仕事上の対人関係、労働条件、給与）」、後者が「動機づけ要因（達成、承認、仕事そのもの、責任、成長の可能性）」です。

ここで重要なのは、「衛生要因」をいくら充実させても、「動機づけ要因」にはあまり影響しないということです。

仕事の満足に寄与するのは「動機づけ要因」で、不満に結びつくのは「衛生要因」。つまり、給与は少ないと不満の大きな原因になるが、増やしたところでやる気にあまり結びつかない。ハーズバーグのモチベーション研究は1950～60年代に行われました。そこから半世紀以上たちましたが、その研究成果がビジネスの現場ではあまり生かされていないようです。

「センターコントロール」から「ミッション・コマンド」へ脱皮

さて、ラグビー部の話に戻しましょう。「はじめに」でも触れましたが、私は組織のリーダーとして、帝京大学ラグビー部という荷車を自分ひとりで引っ張っていこうとしていました。これは「センターコントロール型組織」に分類され、組織メンバーはリーダーの指示命令に忠実に従い、動くことを理想とするモデルです。

私がセンターコントロール型組織に限界を感じたのは、二つの点からでした。まずは、コミュニケーション面。これは企業のリーダーや管理職なら誰でも感じていることと思いますが、上から何度厳しく言っても、組織メンバーにはなかなか浸透していきません。

「こんなに言っているのに、どうして伝わらないんだろう」

こうした不満を持っているリーダーは、ビジネスの世界にも多いと思います。

なぜ伝わらないかの答えの一つは、人間の記憶力にあるのかもしれません。

人は忘れるようにできている

人の記憶に関して、ドイツの心理学者、ヘルマン・エビングハウスが発表した有名な「忘却曲線」があります。被験者に「意味のない綴り」を記憶させ、それを忘れるスピードを測ったものです。人は短時間のうちに、いかに忘れやすいかを表したものです。

少し用語が難しいのですが、エビングハウスは記憶を「節約率」で表しています。最初に100％記憶するために10分必要だったと

エビングハウスの忘却曲線（イメージ図）

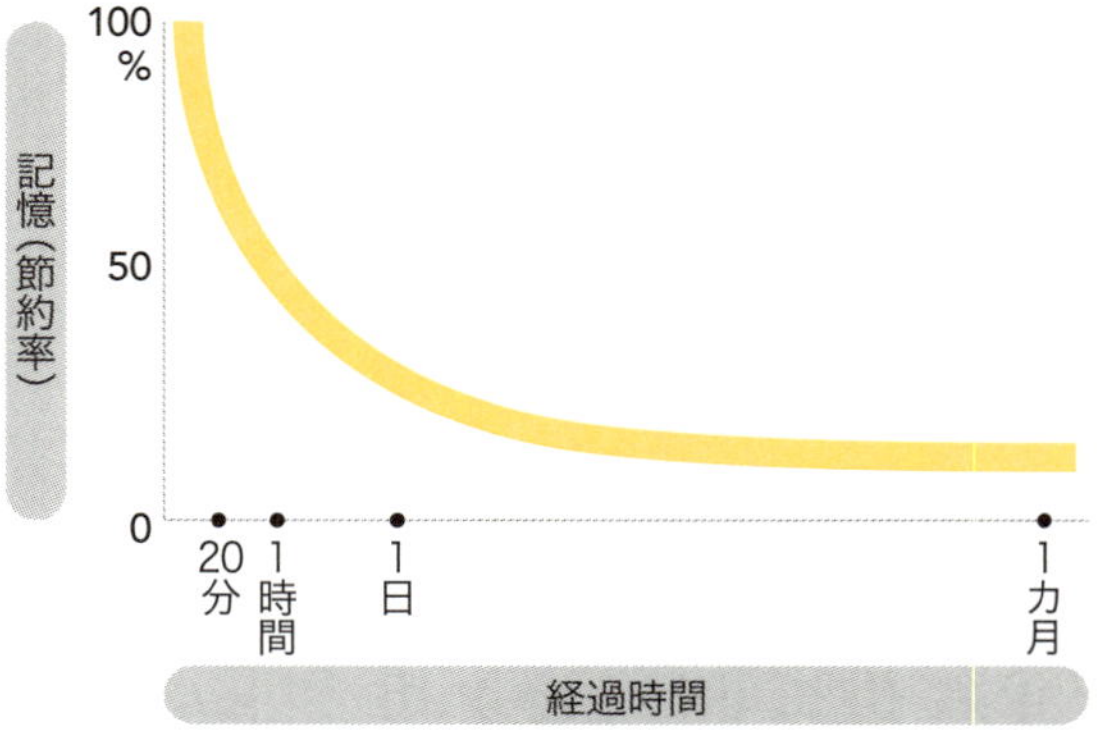

注）節約率とは、一度記憶した内容を再び完全に記憶するために要した時間をどれだけ節約できたか示す割合。最初に記憶した時間（A）、記憶し直すのに要した時間（B）、節約率＝(A-B)÷A

します。20分後にもう一度、100％記憶するために3分かかったとしたら、最初より7分短くてすんだので、節約率は70％となります。時間の経過とともに忘却が進むので、覚え直しに要する時間が増え、節約率は下がっていきます。

細かな意味はともかく、人は記憶しても忘れやすいことをよく示しているグラフだと思います。

「なぜそれをやるのか」を理解する

上からの指示が定着しにくいもう一つの理由は、その指示を受け取ったメンバーの理解不足にあります。

指示を受けた者が、「なぜそれをしなければならないのか」を十分に理解していなければ、言葉は伝わっても、実効は伴いません。その指示の狙いや背景にある目的をしっかり把握していること、なおかつ、その指示に本人が心の底から納得しているかどうかがとても大切です。

リーダーも、単に指示を出すだけでなく、指示の先にあるそれらのプロセスがどうなっているのかを見極め、不十分であればそれを補う行動に出なければなりません。ただ、帝京大学ラグビー部には約１４０人の部員がいます。現実には、指示を出してから、それを聞いた全員について、一人ひとり、指示の意味を理解しているかを確認することはできません。

従来型の体育会系組織は、「指示や命令の意味を考えなくてもいい。言われたことを黙ってこなせばいい」という雰囲気があり、かつては文句も言わず、「そういうものだ」と思って素直に受け入れていたと思います。少なくとも私の学生時代はそうでした。しかし、現代は違います。特に平成生まれの学生は、意味がよくわからない指示や命令には、強い反発を覚えます。

彼らは、昭和の時代の学生に比べると、親や周りの人々から非常に大事にされてきました。何かを強制されるというような経験をあまりしたことがなく、「自分を大切にしなさい」と言われて育てられてきました。そのため、外部とのコミュニケーションの接点の部分、つまりインターフェースが、より繊細かつデリケートになっていると私は分析しています。

だから、帝京大学ラグビー部という価値観を彼らと共有するには、単に押しつけても抵抗や拒絶反応を生むだけで、もっと無理のない方法が必要です。

彼らへの働きかけ方は「育てる」ではなく、「育つ環境を整えて見守る」が合っていると私は考えています。

「上」からの指示・命令の代わりに「横」のコミュニケーション

トップからの指示・命令・アドバイスには、目に見えない「圧力」があります。トップが言っているから守らなければいけない、と組織のメンバーは感じます。

そういう圧力があるから、「上」からの指示・命令・アドバイスには即効性がある半面、背景にある真の狙いや目的がなかなか伝わらないのです。逆に言えば、こうした圧力をなくすような意思伝達のコミュニケーション方法があれば、組織の末端まで意思統一を図れるようになります。

私は、センターコントロール型のトップダウンに代わる組織形態を考え続けました。メンバーが圧力を感じることなく、すーっとリラックスして聞ける状態にするには、同級生や先輩など、身近にいる人に言ってもらうのが一番です。

そこで、編み出した仕組みが、学生コーチと各学年のボードメンバーによる「自律型学習組織」です。

帝京大学ラグビー部には、専任のコーチのほかに、4年生の学生コーチが5人います。学生コーチはいわば監督やコーチの分身であり、練習メニュー作成から部員のコンディションの把握まで、私の代わりに細かく目を配ってくれます。彼らの中には、選手を引退して学生コーチ専任となる者もいますが、多くは選手兼任です。また、各学年には、その学年の部員から選出されたボードメンバーと呼ばれる「役員」が7～9人いて、学生コーチと密接に連絡を取りながらサポートします。

私が部員に指示を与える時は、もちろん直接伝えることもありますが、学生コーチや各学年のボードメンバーを通じて、指示を丁寧に、一人ひとりに伝えていきます。


「縦」の命令から「横」のコミュニケーションへ

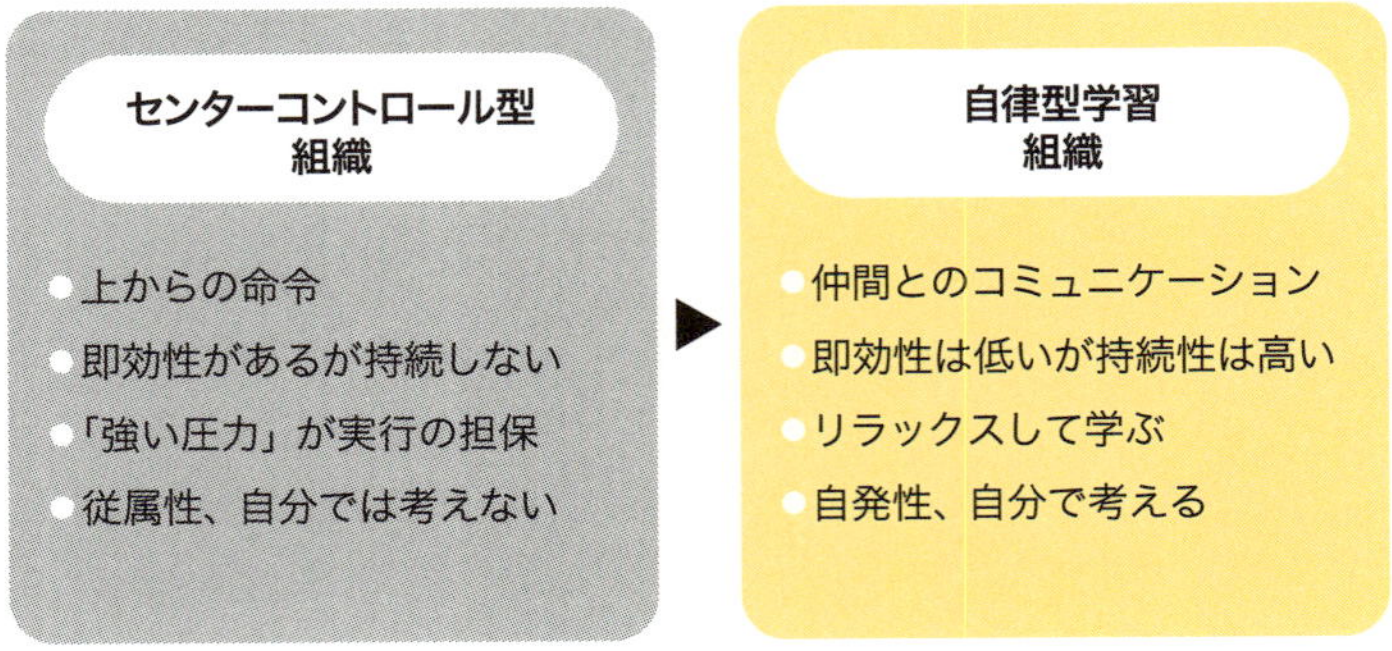

センターコントロール型組織	自律型学習組織
●上からの命令	●仲間とのコミュニケーション
●即効性があるが持続しない	●即効性は低いが持続性は高い
●「強い圧力」が実行の担保	●リラックスして学ぶ
●従属性、自分では考えない	●自発性、自分で考える

私が指示を発した段階では、部員の「上」にいる監督が言ったことですが、学生コーチや各学年のボードメンバーなど「横」の人が私の言ったことを部員に伝えるようにすると、「圧力」がなくなる分、受け入れやすくなります。また、部員に伝える際にも、思いがより伝わるようにコミュニケーション方法を工夫しています。

言いたいことを「相手に言わせる」質問術

私がよく言っているのは、「自分がたくさんしゃべるのではなく、自分が伝えたいことを相手に言わせるようにうまく質問しよう」ということです。

後輩に対して、口角泡を飛ばして一生懸命に説明している上級生を見かけます。後輩はただ黙って聞いているだけで、90%以上は先輩が話している。

この9対1の比率を、逆転させる必要があります。つまり、上級生は質問して、相手の話をじっくり聞き、それを発展させていく役に徹します。これが「伝わるコミュニケーションのコツ」です。

相手から一方的に何かを言われ続けたとしても、記憶に残るのはほんのわずかです。

人間は基本的に、「見たいものしか見ず、聞きたいことしか聞かない」傾向があります。もし、すべてを見て、聞いて、記憶していたら、疲れてしまうので、効率的にできているわけです。

しかし、いざ誰かに何かを伝えなければならない時、この傾向を忘れがちです。

先ほどのエビングハウスの忘却曲線を思い出してください。一方通行のコミュニケーションの方法だと、1日たてば大部分を忘れているはずです。

「3人トーク」で無意識の意識化と論理化

練習中でもミーティングでも、私は「3人トーク」というものを学生に、頻繁に行ってもらいます。これは、ぱっと3人で集まって、大事なことを確認

よいコミュニケーションの原則

自分の伝えたいことを
相手に言わせる
相手の話をよく聞く
SAY LESS,
ASK MORE

し合う数分間のミニ・ミーティングのことです。メンバーを固定せず、必ず学年がばらばらになるように相手を見つけて3人組になります。

まだ選手間の連携があまり取れていない春ごろには、ポイントとなるところで練習を何度も中断して、私が部員に質問や短いアドバイスをします。そのあとで「いま、言ったことを1分で確認してみて」と私が言うと、グラウンド上で学生たちの3人トークが始まります。

3人トークでは、上級生は聞き役に回り、なるべく下級生に話をさせるのがポイントです。こうした横のコミュニケーションを繰り返し行うことで、下級生にとっては**「やるべきこと」が「具体化」「論理化」「意識化」され、なぜそれをやらないといけないのかについての理解が進みます。**

3人トークは、上級生にとっては、前述した「言いたいことを相手に言わせる質問力」を磨く場でもあります。

「いま監督が言ったのは、どういうこと？」
「なぜ、それが大事なの？」
「どうすれば、それがうまくできると思う？」

上級生も下級生に質問しながら、自分たちのやるべきことをしっかり確認できます。

「人に教えられるようになって、初めて自分の身につくようになる」とよく言われますが、私たちはこれを一歩進めて、「人に質問できるようになって、初めて自分の身につく」ことを意識して、3人トークや質問を実践しています。

「自分で決める」からやる気になる

18〜20歳という年齢は、スポーツ選手としても、勉学に励む学生としても、将来の成長に備えた土台（肉体的にも精神的にも）をつくるのに非常に重要な時期です。いわば人間的な特質を形成するための「ゴールデンタイム」であり、ここでいかに準備できるかが、将来の人間的成長の鍵を握っています。この時期、上級生からの圧力や雑用に追われて精神的余裕がなくなり、将来の土台づくりに取り組めないのは、非常にもったいない話です。1年生には、雑務からの解放によってできた余裕を、「自分づくり」に充ててもらいます。

第3章以降で詳しく説明しますが、私は「勝ち続ける組織」をつくるために、「外的環境づくり」「内的環境づくり」「フローに入る技術」の三つの観点からアプローチしています。

新入生の「内的環境づくり」は、まず自身を冷静に見つめ直してもらうことから始まります。具体的には「自分が将来どうなりたいか」という目標を短期（1年）・中期（大学）・長期（社会人）の三つに分けて考え、そこに到達するためにはいつから何を準備すればいいかを洗い出すという作業です。

監督やコーチ、先輩から言われたことを黙々とこなすのではなく、自分で考え、自分で決めて行動する習慣を、1年生のうちから身につけてもらいます。もちろん実際には、上級生やサポートスタッフたちが相談に乗ったりしますが、大事なことは1年生が「自分で決めた」と思え

常勝集団をつくるための「岩出式」三つのアプローチ

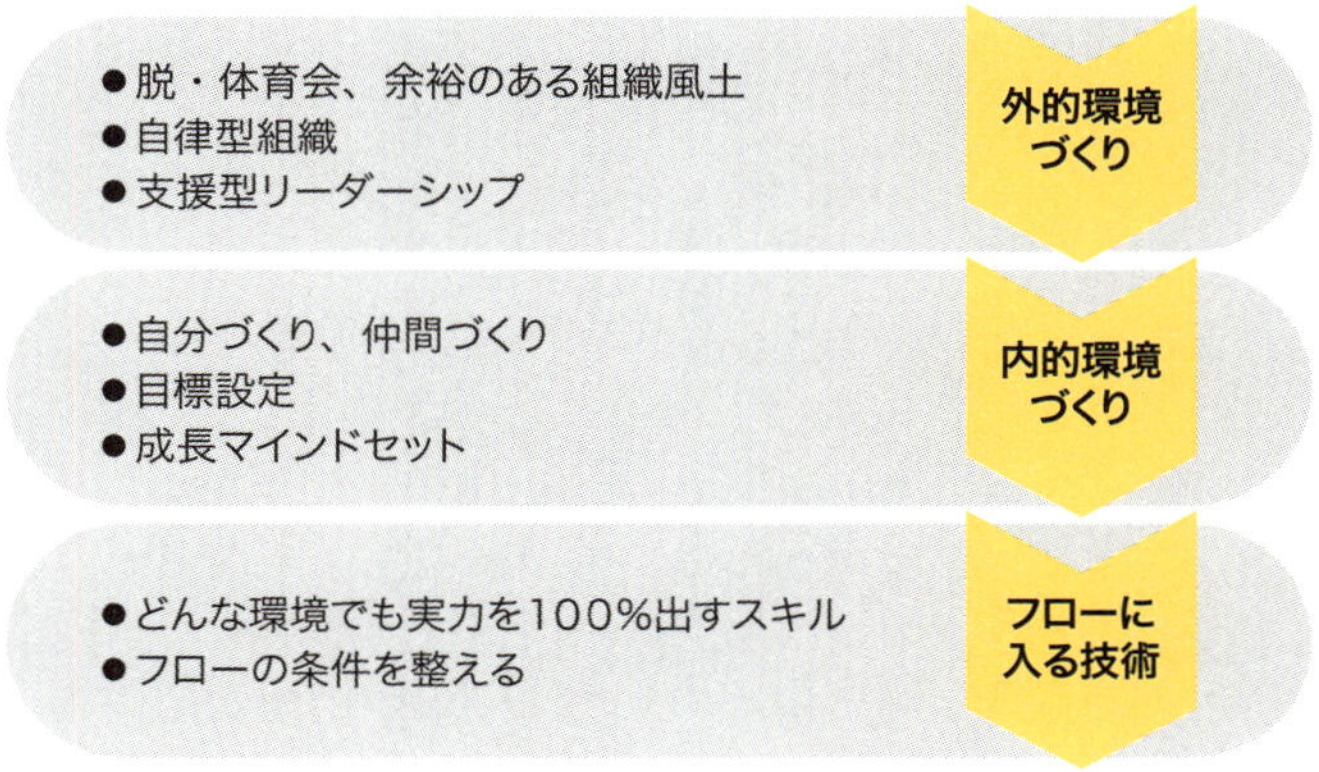
●脱・体育会、余裕のある組織風土
●自律型組織
●支援型リーダーシップ
外的環境づくり
●自分づくり、仲間づくり
●目標設定
●成長マインドセット
内的環境づくり
●どんな環境でも実力を100%出すスキル
●フローの条件を整える
フローに入る技術

るようにしてあげることです。

新人研修で3年生のリーダーシップも育てる

毎年4月に1年生が入ってきます。新人教育はスポーツにおいても企業経営においても非常に大切です。私はその場を、1年生の教育だけでなく、新たに上級生になる3年生の成長にもつなげたいと思い、新入部員研修を3年生に任せています。

最初に行うのが、新入部員向けガイダンスです。毎日、1時間程度、2週間ほどかけて、帝京大学ラグビー部のクラブ運営の理念やビジョン、チームスローガン(Enjoy & Teamwork)、運営方針、めざしてほしい人物像などについて、学んでもらいます。企業で言えば新入社員研修ですね。そのプログラムを考え、研修を実施するのは新3年生です。

3年生は約3カ月かけて(つまり2年生のうちから)準備します。案ができると、私やコーチなど関係者が、内容をチェックします。案のベースは、前年に実施されたプログラムですが、その年のオリジナリティーが感じられなければ、案は却下されます。

また、1年生に配布するプレゼンテーション資料に使う言葉の一言一句も、丁寧に精査します。資料をつくった本人が100%理解できていない事柄や言葉は、他人に説明できません。理解していると思っていても、いざ説明しようとすると、自分の理解度の浅さに気づき、もう一度、勉強し直す人もいます。他人にきちんと説明できて、初めて理解したと言える。

「こう書いてあるけれど、どういう意味か説明してみて」

「もっと伝わりやすい言葉があるんじゃないか」

案は、私が何度も突き返すうちに洗練されていきますが、面白いのはその過程で、新3年生のラグビー部に対する理解が深まり、自分たちの目標や価値観が整理・再確認され、上級生の自覚ができてくることです。つまり、新入生研修は、新3年生の「管理職研修」でもあり、一石二鳥の効果があります。

4年間で社会人30年分を疑似体験

私は大学のクラブ活動を通じて、期間は4年しかないですが学生たちに、社会に出てからの新入社員、中堅社員、中間管理職、経営幹部を疑似体験させてあげられないかと考えています。実際に企業でこれだけの経験をするには、30年かかるような話ですが、大学ではそれを4年にぎゅっと圧縮する。1年生が新入社員、2年生が中堅社員、3年生が中間管理職、4年生が経営幹部といった役どころです。

2年と3年の役割には大きな差があります。企業でも管理職になれば部下や権限を持ち、リーダーシップが求められますが、3年生も同じです。年次は四つしかありませんので、3年生は上級生であり、責任ある立場に変わります。その自覚を促すのに、新入部員研修はうってつけの機会です。

脳が疲れるまで考えてもらう

帝京大学ラグビー部に入部すると、最初の1～2カ月、1年生はみんな脳がくたくたになると言います。自分を見つめ直しながら、将来どうなりたいかを具体的に考えていく作業は、簡単ではありません。もちろん、上級生のほか、トレーニングや栄養管理などの専門スタッフやコーチなど、相談相手はたくさんいます。そうした人たちのサポートを受けながら、各個人がそれぞれ具体的な行動目標や体づくりの数値目標を定め、実行に移していきます。

入学当初の1年生は、高校時代にかなり活躍していた選手であっても、体力面、技術面で2年生以上とはかなり差があり、ラグビー部に入部後、その差にショックを受ける部員もいます。だからこそ、自分の現在の状況をしっかり見つめ直し、たとえば8月の夏合宿までに、そこを乗り切れる体力をどういうスケジュールでどのようにつけていくか、考えていくわけです。

「授かる喜び」から「与える喜び」へ

一方、かつて1年生がやっていた雑務を引き受けている4年生はというと、こちらのほうは、学校生活やラグビー部での活動については当然熟知していますし、心理的に余裕があります。

ラグビー部員が共同生活を送る寮は、3人部屋で、4年生、2年生、1年生という具合に、学年を分散させています。4年生は起床すると、寮の周囲や玄関、トイレ掃除、アイロンがけなどをこなし、部屋に残った下級生は、部屋の中の掃除をしたりします。ある意味で、4年生は下級生の母親のように世話を焼き、下級生はそうした世話や愛情を「授かる」ことで、自分自身のことに集中できます。

4年生は自分が下級生の頃、同じように4年生から世話を焼かれ愛情を「授かって」いたので、雑用をこなすことは当然と受け止めています。下級生から尊敬・感謝されることに喜びを感じて取り組んでいる者も多くいます。

余裕のある人が、余裕のない人の仕事を引き受けるから、組織全体にも余裕が出てくる。この余裕のある組織文化が、組織の活性化やモチベーション向上、チームワークの良さ、信頼関係・絆の強さにつながっていると私は確信しています。

帝京大学ラグビー部も、かつては1年生に雑務をやってもらっていました。一気にいまの形にしたのではなく、1年生の雑務を毎年一つか二つ、4年生に移し、4年くらいかけていまの形になりました（移行期には、1年でも雑務をこなし、4年になっても雑務をした年代がありました）。

このように従来の4年生を頂点とするピラミッドをひっくり返して、逆ピラミッド型にした「体育会系イノベーション」の本質は、目に見えないモチベーション・マネジメントの変革にあります。

KEY TAKEAWAYS
第２章の重要ポイント

□アメ・ムチ指導法は古いだけでなく、成長に悪影響を及ぼす

アメとムチを使った外発的動機による指導法は、即効性があり、指導者にとっては楽なやり方だ。しかし、持続性が低く、組織のメンバーの人間的成長にはほとんど結びつかない。それどころか、創造性の発揮には悪影響を及ぼす。トップやリーダーは、自分の過去の経験にとらわれることなく、指導に対する考え方を改め、内発的動機を引き出す環境づくりをめざすべきだ。

□横のコミュニケーションを強化する

トップからの指示命令をメンバーが忠実にこなす旧来型の組織では、メンバーの成長に限界がある。トップは理念やビジョンの策定や、組織文化など、大きな枠組みを示し、現場に権限を大幅に委譲し、現場の運営はメンバーの裁量に任せる。各学年にはボードメンバーが7～9人いて、監督やコーチの伝えたいことを、メンバーと同じ高さの目線で浸透させていく。上からの指示命令には「圧力」があるが、横から浸透させると「圧力」が緩和され、組織の末端まで真意が伝わりやすくなる。

マイ
ヒストリー
岩出雅之が
できるまで

人生、遠回りも悪くない

私は1958年、和歌山県新宮市で生まれました。

当時、父親は地元で建設会社を経営しており、比較的裕福だったと思います。母親も家業を手伝っていました。2人とも起業家タイプの人間だったことが災いしたのか、私が小学校に入る前に両親は離婚し、母は家を出ていきました。

母親との離別は、その後の私にとって大きなトラウマになったと思います。父は再婚しました。つまり、私には生みの親と育ての親の、2人の母親がいます。

父親は他界して30年近くたちます。生みの母は90歳を超えましたが元気で、ここ数年で時々、会うようになりました。

会いたいのに会いたくない

母には私を捨てて家を出たという負い目が、いまだにあるようです。私のほうにも、モヤモヤ感がありました。「自分は捨てられた」という思いがあるが、それをなるべく思い出さないように、記憶の奥底に長年閉じ込めてきたからでしょう。

少し前まで、母に対して、心を閉ざしていた部分がありました。ある瞬間には会いたいと思うけれど、次の瞬間に会いたくないという気持ちが高まる。そんなアンビバレントな感覚でした。

だから、せっかく母と会う約束をしても、あえて空港のレストランを選んだりする。そうすれば、飛行機の出発時間が来れば、面会は終わります。あえてフライトぎりぎりの時間を指定して会ったり、せっかく会えたのにあまり話さないとか、何か避けているところがあったんです。

でも、何度か会うにつれて、ようやくちゃんと話ができるようになりました。

先日、母親に会った時、「いまでも私に気を遣っているの？」と聞いてみました。答えに困っているようだったので、「こうして話をできているだけで幸せだよ」と言ったら、90歳の母親が顔を赤らめ照れていました。それを見て、やはり、思いを伝えるのは大切だと実感しました。

50歳後半になって、私は幼少期のトラウマを少し克服できた気がしています。母との離別は、私の人間形成に大きな影響を与えた出来事でした。

大人に囲まれ人生を学ぶ

私の幼少期に話を戻します。

父親は仕事一筋の人でした。家庭のことより仕事最優先だったので、遊んでもらった記憶はほとんどありません。その代わり、会社で働く職人さんたちによく遊んでもらい、会社の事務所が私の遊び場でした。彼らに人生勉強もさせてもらいました。

ある時、私の面倒をよく見てくれていた職人さんが亡くなりました。お通夜に行ったら別の職人さんが手招きをしている。何だろうと思って近づくと、「雅之、おまえは世話になったんだから、ちゃんとお別れをしたほうがいい」といって、亡くなった職人さんの顔を見せてくれ、お別れを言いました。

人はいつか死ぬという事実を目の当たりにすることで、いま生きていることの大切さに気づいた出来事でした。

私は大人に囲まれて育ったので、少し早熟な面があったかもしれません。

そのせいか、小学生の頃、一部の上級生から「生意気」と思われていたようです。

ある日、とうとう呼び出されました。3人の上級生が待ち構えていて、その後の展開は容易に想像がつきます。

私は小突かれながらも、リーダー格の上級生の服をつかんで離さず父の会社の事務所まで強引に引っ張っていき、仲のいい職人さんをつかまえて、「こいつら、3人で待ち伏せて卑怯なんだ。やっつけて」と頼みました。

けれども、職人さんたちは「ケンカは外でやりな」とそっけなく言うだけで、まったく相手にしてくれません。

「任せとけ」と言ってくれると思い込んでいたので、大きなショックを受けました。その時は裏切られた気分だったのですが、少し時間がたって、「子どものけんかに、大人が口を出してはいけない」「自分でまいた種は、自分で責任を引き受ける」ということを教えてくれたんだと気づきました。

それからは、何があっても毅然と受けて立ちました。そのうちに上級生たちも「根性があるやないか」と認めてくれるようになり、以後、からまれなくなりました。

倒産、借金地獄、救いはラグビーだった

中学に進学すると野球部に入りました。当時はプロ野球の全盛期で、子どもたちはみんな野球をしていた時代です。県大会にも出場するなど没頭しました。そして、地元の新宮高校に進学したのですが、ここで私は、人生の大きな転機を迎えました。

その頃、父親の会社が倒産したのです。一時は羽振りがよくて、建設業以外にも飲食店、ホテルや病院の経営など、いろいろなビジネスに手を出していましたが、突然起きたオイルショックによって、世の中が一気に不景気になり、資金繰りに行き詰まりました。

比較的余裕のある状況から、借金地獄へと一気に突き落とされたのです。中でも最大の衝撃は、尊敬していた父親が倒産によって心身ともズタズタになり、落ちぶれていく様子を間近で見たことでした。

思春期の多感な時期だったので、自分ではよくわからないのですが、メンタル面に大きな影響があったはずです。周囲からは屈折していたように見えたと思います。

日々、揺れる自分自身の気持ちを吹っ切りたいと考えて、高校1年の終わり頃、担

任の先生に「しっかり勉強できなかったんで、最初からやり直したい。留年させてほしい」と申し出て、先生が驚いた顔をしたのをいまでもよく覚えています。実際には、留年を思いとどまり、2年に進級しましたが、その時は自分にあえて鞭を打つ感覚でした。当時の私は、同情されるのが嫌で、「頼れるのは自分しかいない」と自分に言い聞かせていました。というより、否が応でも自立を迫られ、苦難をバネにするしかなかった。

両親の離婚に、実家の会社の倒産、憔悴の果てに抜け殻のようになってしまった父親。我ながら波瀾万丈の人生だと思います。自分の人生に絶望して、自暴自棄になりかねない状況で、運命的な出会いがありました。

その人は、教育実習でやって来た体育の大嶋邦嗣先生です。日本体育大学4年生でラグビー部に所属していました。先生は面倒見のよい方で、すぐに打ち解けて、何でも話すようになりました。私は、大人に囲まれて育ったので、少し年上の人とウマがあったのかもしれません。

その大嶋先生が、ラグビー部への入部を勧めてくれました。大嶋先生は、私が何か鬱屈したものを抱えていて、発散先を求めていることに気づいていたのかもしれません。実は、私は高校入学後、すぐにラグビー部に入ったのですが、腰を痛めて退部していました。大嶋先生は、「君は元ラグビー部なのか。ちょっと、私にタックルをしてみて」と言い、私がやってみると、「いいタックルだ。君、才能あるよ」とおだててくれ、その言葉を聞いた私はすっかりその気になり、高校2年で再入部しました。

大嶋先生は教員浪人をしたため、私が高校3年になっても、指導を続けてくれました。そして進路を決める時、選んだのは、大嶋先生と同じ日本体育大学でした。大学卒業後は教師になろうと考えていました。父親が借金を抱えて苦労しているのを間近で見ていたので、生活が安定している公務員になろうと思ったわけです。

毎日が真剣勝負の大学時代

日体大ラグビー部は、現在はやや低迷していますが、当時は早稲田、慶應、明治とともに4強と言われ、全国高等学校ラグビーフットボール大会で活躍した選手がたくさん入ってくる強豪校でした。

部内での競争は激烈でした。楽しいという感覚はなく、私にとっては毎日が真剣勝負で、なんとかして上に這い上がろうとしていました。もちろん、当時はバリバリの体育会体質で、4年生は「神」、1年生は入部するまでは「お客さん」ですが、入部した途端に「奴隷扱い」となります。

私は3年でレギュラーになることができました。ポジションはフランカーです。その年、チームは大学選手権で優勝できました。4年のとき、主将も務めました。

大学では、全国から学生が集まってきていたので、国内のどこに旅行しても、その付近にだいたい誰かの実家があります。そんなこともあって、旅行の途中、友達の実家で夕飯をごちそうになることがよくありました。

友人は気を利かせて、外食をセッティングしようとしますが、迷惑でなければ実家で夕食をご一緒したいというのが私の希望でした。自分には家族団らんの経験があまりなく、友人の家族と食卓を囲むと、とても温かい気持ちになれたからです。

亡き父のDNA

父が会社を経営していた頃は、仕事が終わると、よく職人さんを呼んで、大勢で夕食をとりました。食卓においしい料理をたくさん並べて、職人さんたちの労をねぎらう父の姿を覚えています。

考えてみたら、私も食事にはうるさくて、スタッフや選手が一緒の時は、こぢんまりと食べるのが嫌で、ついいっぱい頼んでしまいます。自分では全部食べきれないから、たくさん食べられる人を呼ぶわけですけれど、やっぱり父のＤＮＡを受け継いでいるんだなと思います。

そして、社会人としての進路を考える時期に来ました。実業団のチームからの誘いもあり迷いましたが、結局は初志貫徹で教員の道を進むことにしました。

地元の和歌山で教員になろうと思っていたのですが、あいにく教員の募集がなく、近隣の滋賀県の教員採用試験を受けて採用されました。

「高校でラグビー部の顧問になり、花園（全国高等学校ラグビーフットボール大会）に出場する」というのが、当時の夢でした。

心の乱れと環境の乱れ

しかし、最初に配属となったのは教育委員会の外郭団体で、与えられた仕事は公園やスポーツ施設の管理でした。

管理業務というと聞こえはいいけれど、公園の管理業務の中にはゴミの収集もあり、広い公園に何カ所も設置されたゴミ箱だけでなく、さまざまなところに散乱するゴミを拾っていくと、青い大きなビニール袋が1回の掃除で2～3袋にもなります。「こんなはずじゃなかった」と半分ふてくされながら、毎日を過ごしていました。

2年後、ようやく教員として栗東市立（当時は町立）栗東中学校に赴任できました。当時は、中学が非常に荒れている時期で、朝、学校に行くと、全クラスの窓ガラスが割られていたり、深夜に補導された生徒を警察に引き取りに行ったり、本当にいろいろなことを経験させてもらいました。

ここで学んだのは、心の乱れは環境の乱れに現れるということでした。学校全体が荒れていましたが、クラスによって荒れ方に強弱があります。すごく荒れているクラスは、教室内が汚くて物が散らかっているが、そんなに荒れていないクラスは掃除が比較的行き届いていて、整理整頓されている。こうした経験から、帝京大学ラグビー部でも、まず掃除や整理整頓を徹底することから始めました。

次に赴任したのは、滋賀県立虎姫高校でした。そこにラグビー部はなく、バスケットボール部の監督を担当し、素人同然の指導者が高校生を指導する難しさと魅力を体験できました。その頃、恩人の東 正《ひがしまさし》先生（滋賀大学元教授、故人）との出会いがありました。当時、東先生は大学勤務の傍ら、体育協会の仕事をこなし、県の国体スポーツの強化委員長としても精力的に活動されていました。東先生とは出身地（新宮市)、出身高校・大学も同じという偶然もあり、何かと目をかけていただいただけでなく、東先生の前向きで、イノベーティブで、建設的なマインドセットに触れ、私も「こうありたい」と強く思いました。東先生は、私のロールモデルになりました。

その後、私は再び教育委員会に異動となり、スポーツ振興の仕事を担当しました。ラグビー部のある高校に赴任し、念願がかなって監督になれたのは、大学卒業から10年後のことです。赴任先は滋賀県立八幡工業高校でした。

水を得た魚とはまさにこのこと。私は10年間の鬱憤を晴らすかのように、ラグビー部の活動にのめり込みました。さまざまな人との出会いや幸運も重なって、八幡工業高校は7年連続で花園出場を果たし、私は高校日本代表のコーチ、その後は監督を務めるという栄誉を手にしました。

そして、1996年、帝京大学ラグビー部の監督に就任しました。

無駄な経験などない

振り返ってみると、自分は家族の愛情に飢えていたんだろうと感じます。その飢餓感がマイナスに働いている面もあるかもしれませんが、私の場合、愛情が足りない寂しさを肌で感じたことが、後にプラスに働いたのではないかと前向きにとらえています。愛情のない寂しさを知っているから相手に感情移入したり、深く共感したりできる。それが指導者として自分の基礎になっているのではないかと自己分析しています。

高校でのラグビー指導者を志して教員になったものの、実際にラグビー部のある高校へ赴任するには10年かかりました。ずいぶん遠回りしましたね、と言われることもあるのですが、この10年があったから現在があるとも言えます。

たとえば、しばらくラグビーから遠ざかったことで、客観的かつ冷静に、ラグビー競技を見ることができるようになった面があります。いま「体育会系イノベーション」を実践していますが、これも客観的視点のたまものです。

さらに、八幡工業高校に赴任前、県の教育委員会でスポーツ振興の仕事をした経験も、意外なところで役立ちました。当時の職場は私だけ20代で、ほかのスタッフはいつ教頭や校長になってもおかしくないベテランの方々だったので、とてもかわいがっていただきました。その時の出会いは私にとって宝であり、いまも交流があります。

県の仕事ですので、何をするにも県が承認した予算が必要です。スポーツ教室やスポーツイベントの企画、施設のメンテナンスや設備更新などに関して、先輩たちのアドバイスを聞きながら、自分たちで予算案をつくって県と交渉し、予算案通り、あるいはそれに近い金額を勝ち取るというプロセスが必要でした。当然、スポーツ施設の管理運営のノウハウやコスト構造に詳しくなり、さらに予算獲得の駆け引きなどにもたけてきます。

私は帝京大学ラグビー部の監督になって以降、グラウンドの確保や整備、トレーニング施設の開設と各種トレーニング機器の導入、マシンの増設、学生寮の建設など、練習環境を整えるための設備投資を推し進めてきました。

これらは、帝京大学関係者や学生の保護者の方々のご協力とご理解があって実現したことですが、毎年、少しずつ、手をつけられるところから始め、約20年かけてここまで整えることができました。

その過程で、教育委員会での経験が役立ちました。大学卒業後、そのまま社会人でプレイヤーとしてラグビーを続け、選手を引退して指導者になるというラグビーのエリートコースを歩んでいたら、ラグビー以外のさまざまなノウハウを身につけることはできなかっただろうし、組織を客観的に見て改革することも難しかったと思います。

人生、遠回りも悪くない。

むしろ、そこにこそ成長の源があると、自分では考えています。

第3章

「無意識の蓄積」で人間的成長を促す
——外的環境づくり

ここまで読んでいただいて、「大学スポーツのわりには、かなり細かいことまでやっているな」というイメージをお持ちの方もいると思います。実は、環境づくりには細かい部分がとても大事だと私は考えています。ラグビーの練習も授業も生活も、心理的エネルギーを高めて集中して取り組み、体を休める時は十分に休養して英気を養い、一日を丁寧に過ごす。その積み重ねが、成長につながると確信しています。

外的環境づくりの二つのポイント

外的環境づくりで私たちがめざしているのは、余裕を感じられる組織文化です。「体育会系イノベーション」のところで少し説明しましたが、1年生が精神的に余裕を持てるようにすることを強く意識しています。

さらにその中で、下級生は、上級生の頼もしい姿・態度、行動・言葉などから、日々、さまざまなことを無意識のうちに吸収し、蓄積しています。組織文化というのは目に見えない空気のようなものですが、こうした「無意識の蓄積」が、帝京大学ラグビー部の組織文化を形づくっているのです。

外的環境づくりのポイント

□「無意識」の蓄積＝共有、共感
□余裕をつくり出せる文化・風土

外的環境づくり❶——無意識の蓄積

無意識の蓄積というのは、下級生たちが先輩の姿や雰囲気を意識の中ではもちろんですが、無意識でも吸収しているということです。上級生の強さや頼もしさ、優しさに包まれながら、そこにしっかりと共感できる部分があると、組織の中にさらなる信頼とエネルギーが生まれていきます。

ラグビーというのは体をぶつけ合う、とても痛い競技です。しんどくて、怖い競技です。一歩間違うと全部が嫌になってしまう。痛い部分を興奮によってごまかして、競技に臨んでいる選手もいると思います。

しかし、ごまかして臨んでも長続きはしません。試合では後半に効力が切れて、パワー不足に陥り、そこでゲームが終わる。つまり、あきらめるチームになってしまいます。

しかし、日々の活動の中で「無意識の蓄積」によって醸成された信頼とエネルギーがあるチームは、冷静さと情熱を兼ね備え、最後まで絶対にあきらめないチームになります。

成長の度合いが一目瞭然の玄関掃除

「無意識の蓄積」はいろいろな場面で起きます。典型的な例を紹介しましょう。

私は年に1、2回、学生寮に行って、ほうきを持って玄関の掃除をします。実は、普段から上級生がきれいに掃除をしてくれているので、ゴミはほとんど落ちておらず、学生からはちょっと嫌がらせっぽく見えるかもしれませんが、ある目的があってやっています。

掃除をしているうちに、授業が終わった学生が、ぱらぱらと戻ってきます。

1年生が歩いてきました。

私がほうきを持って掃いているのですが、その横をスタスタと通り過ぎていきます。

ほとんど無視されます。当然、私の顔は知っているので、存在に気づいているはずです。でも、彼らには、気づいても「反応する力」がない。

次に、2年生が歩いてきました。

彼らは私の存在に気づきます。「こんにちは」と挨拶してきますが、腕時計やスマートフォンを見ながら「いま時間がない」という小芝居をします。「監督、すみません」と言う学生もいます。彼らには「反応する力」はあるが、その先の「やれる力」がついていません。

今度は、3年生が歩いてきました。

彼らは私に挨拶すると同時に「自分が代わります」と言って、私からほうきを取っていこうとします。3年生は反応する力がだいぶ身についてきているが、私に気を遣って行動している面がまだ残っている。

4年生はというと、いつの間にか、掃いてくれています。下級生になかなかできないことが、ごく自然にできている。もともと、ゴミはほとんど落ちていないけれど、何も言わずに付き合ってくれる。パパッと終わり、範囲をもう少し広げて、駐車場スペースもきれいにしていく。

毎年、この繰り返しです。大学生活はたった4年間ですが、無視の1年生も、小芝

無意識の蓄積プロセス

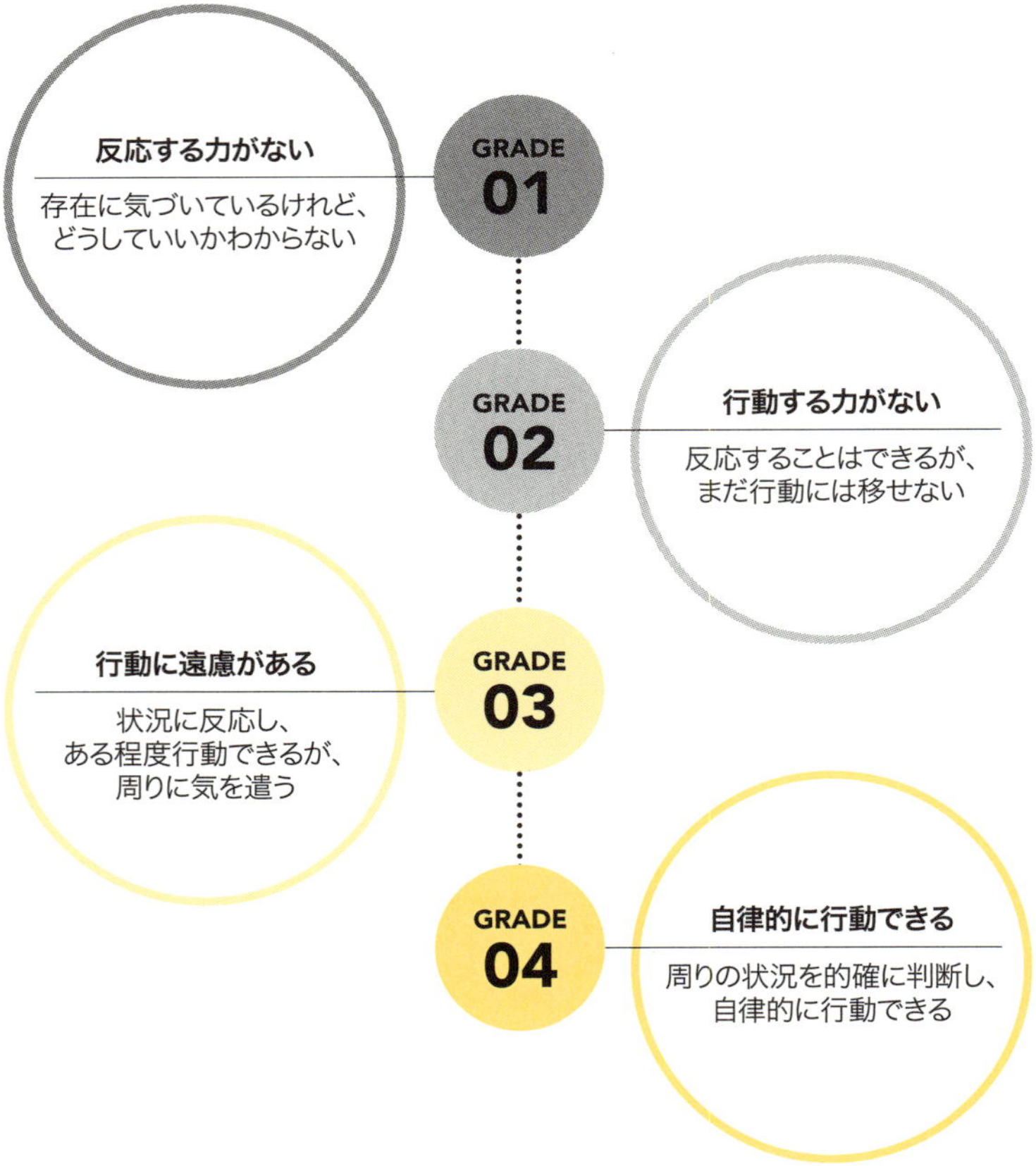

GRADE 01
反応する力がない
存在に気づいているけれど、どうしていいかわからない
GRADE 02
行動する力がない
反応することはできるが、まだ行動には移せない
GRADE 03
行動に遠慮がある
状況に反応し、ある程度行動できるが、周りに気を遣う
GRADE 04
自律的に行動できる
周りの状況を的確に判断し、自律的に行動できる

居の2年生も、必ずほうきを自発的に持つように変わります。

この変化がなぜ生まれるのか。

私は無意識の蓄積の結果だと思います。

すぐにリアクションを求めてはいけない

組織のリーダーの多くは、メンバーに対して、すぐに反応（リアクション）を求めようとします。自分の思っている反応が返ってこないと、「どうして○○ができないんだ！」といらいらしてきて、メンバーを呼びつけて怒ったり、説教したりする。

私も、まだ自分の考えが整理できていない状態の時はそうでした。掃除していて1年生に無視された時には、「おい、ちょっと待て」と言って、説教したこともあります。

でも、怒ったり、命令したりして、たとえば掃除ができるようになっても、本人の成長にはほとんどつながりません。それどころか、「掃除＝嫌なこと、やらないと怒られること」とインプットされ、進んでしようとは思わなくなる。

リーダーにとって、部下がその気になるまで辛抱強く待つことも、人材育成のマネ

ジメントの重要な仕事です。 その間に、下級生はロールモデルである上級生の行動を見て、本人も気づかないうちに毎日少しずつ吸収し、蓄積していきます。

たとえはよくないけれど、蓄積が一定量を超えると発症する花粉アレルギーみたいなものです。蓄積がある水準を超えると反応できるようになり、さらに蓄積すると、行動できるようになる。私を無視していた1年生が、4年生になるとぱっとほうきを持ってごく自然に掃除をする。

リーダーとしては、怒鳴ってメンバーの行動を変えさせるほうがはるかに楽です。でも、楽をして変えさせた行動は、かりそめの行動変容であり、本物ではない。最近では、無意識の蓄積のスピードが少し上がっているように感じています。そのうちに、2年生や3年生でも、ごく自然に反応し、行動できる学生が増えていくのではないかと期待しています。

外的環境づくり❷ 余裕をつくり出せる風土・文化

すぐにリアクションを求めず、無意識の蓄積が臨界点を超えて、行動に反映するまで待つ。そういう風土が、1年生の余裕をつくります。

私が組織づくりで最も意識しているのは、「心の余裕を持てるようにすること」です。

そのためのポイントは二つあります。

組織に心の余裕を生む二つの行動原則

□自分を大切にさせる（自己犠牲を求めない）
□ゆっくりとしたペース（7割がついていける）

自分を大切にさせる、というのは当然のことのように思えますが、スポーツにおいて選手は試合中、ついつい興奮して、無理をしがちです。

ラグビーの試合で勝つことは大事ですが、そこに人生のすべてをかける必要はありません。私たちの活動の目標は、卒業後、社会人になって活躍するための準備なので、その前に心身を深く傷つけては本末転倒です。

「試合などで危ないと思ったら、すぐボールを離せ」と私は学生に言っています。

これは、社会人にも同じことが言えます。

若手社員が、自己犠牲を払って残業に残業を積み重ね、うつになったり、自殺したりする話を報道などで耳にします。そういう企業には、ぜひ余裕のある組織風土を築いていただきたい。同時に、簡単ではないかもしれないけれど、社員の側も、我慢せずにボールを手放す勇気を持ってほしいと願っています。

大学日本一よりも大切なこと

ゆっくりとしたペースというのも、とても大事な原則です。

私は「教習所」と呼んでいます。自動車教習所ではゆっくり練習しますよね。すぐ路上教習には行きません。ラグビー部でも、新しいシーズンがスタートする春から夏にかけてはゆっくりと練習させます。目安としては、全体の7割が落ちこぼれずについていけるペースです。

1年生は、入部したての頃は、自分の体の小ささ、技術の未熟さに愕然として、焦りを感じます。でも、無理にその差を詰めようとせずに、じっくりと自分づくりに取り組んでもらい、まずはラグビー部を好きになってもらうことに重点を置いています。

そこで大きな力を発揮するのが、先輩の配慮と愛情です。

毎年4月、新入生を迎えるに当たってスローガンを決めています。それは「日本の大学の中で新入生が自分たちのチームを一番早く好きになる」。

ラグビーの大学日本一も大事ですが、それをスローガンに掲げるのではなく、彼らがチームを愛するようになることにプライオリティーを置きます。もちろん、2年生から4年生までは、それを実現できる先輩になることが目標です。

この先輩の配慮と愛情をしっかりと浴びながら、1年生は温かさを感じる。他者に温かさを感じさせるようになれることこそが、人間の真の強さではないでしょうか。

1年生は、先輩のそういう姿を見ながら、サポートされて、なごやかな雰囲気の中で一緒に活動する楽しさを味わい、チームを好きになっていく。そこに、全員がそのチームを応援したくなる組織文化や共感が生まれていきます。

帝京大学ラグビー部の部員は約140人います。

試合で、赤いジャージー（ファースト・ジャージー）を着られるのはたった23人。100人以上がスタンドから応援します。やはり、ラグビー部に入ったからには、誰もがAチーム（1軍）で試合に出たい。ラグビー部内に不平不満がないと言えば嘘になります。だからこそ、全員が応援したくなる組織文化が大切なのです。

企業でも、出世して役員になれる社員はほんの一握りです。それ以外の社員のモチベーションが非常に低く、嫉妬や無関心、惰性が渦巻くような空気が強ければ、その企業の活力は下がる一方です。ラグビー部でもAチームさえよければいい、という方針で活動していると、組織文化が荒れていき、弱体化が進んでいきます。

勝利は、組織全員で勝ち取るものです。余裕のある組織文化によって、応援志向が高まり、共感によってチームがまとまりやすくなります。

チームの一番のファンはチームメンバー

- □先輩の姿（ロールモデルの可視化、無意識のうちに学ぶ）
- □手厚いサポート、フローで楽しい雰囲気、活動に参画したくなる空気
- □チームを好きになる＝応援思考になる（共感を持てるようになる）

KEY TAKEAWAYS
第３章の重要ポイント

□組織文化は無意識の蓄積で形成される

下級生は上級生の一挙手一投足を、無意識のうちに記憶にとどめ、蓄積させていく。蓄積があるレベルを超えると、それが本人の価値観として定着し、行動にも変化が現れるようになる。つまり、組織文化は、トップや所属するメンバーの考え方や行動、意識を映す鏡のようなものだ。だからこそ、ロールモデルとなる上級生の言動は重要となる。

□組織の余裕が、信頼や絆を強める

1軍メンバーだけがスター扱いされ、残されたメンバーが寂しい思いをするチームより、全員が1軍を応援するチームでありたい。そのためには、最初から落ちこぼれをつくらないように、1年生のうちはゆっくりしたペースで活動し、自分づくりに専念できるように上級生がサポートする。1年生は、先輩の優しさに包まれ、フローな雰囲気の中で一緒に活動する楽しさを味わい、チームを好きになっていく。全員が応援したくなる組織文化や共感が生まれていく組織は、困難に直面しても団結力は揺るがない。

生徒は、学年の始めの水準に関係なく、学年の終わりに全員が成績良好群に入っていました。トップやリーダーのマインドセットが組織メンバーの育成に与える影響は、重大ですね。

マインドセットの二つのタイプ

	成長マインドセット Growth Mindset	固定マインドセット Fixed Mindset
才能へのスタンス	努力次第で伸ばせる	固定的で変わらない
関心事	自分を向上させること。努力	他人からの評価。賢さの証明
壁にぶつかったとき	粘り強く乗り越えようとする	すぐにあきらめる
自分への批判	批判から真摯に学ぶ	批判は無視する
成功とは	自分のベストをつくすこと	自分の優秀さを見せつけること
失敗とは	教訓を与えてくれるもの	屈辱、我慢ならないこと
他人の成功	自分への気づき、学びを得る	脅威に感じる
	▼	▼
	高い成長・成果	**伸び悩み**

参考資料：『マインドセット』（キャロル・S・ドゥエック著、今西康子訳、草思社）

岩出教授の
「勝利を引き寄せる」
心理学講座

|03|
成長マインドセット

自分の成長・可能性を信じる人は伸びる

マインドセットとは、その人が持っている経験や価値観に基づく考え方の枠組みや思考様式のことです。スタンフォード大学心理学教授のキャロル・ドゥエックによると、マインドセットには、「成長マインドセット」と「固定マインドセット」の2種類あり、どちらであるかによって、その後の人生に大きな差が出てきます。ラグビーでも、中学・高校で才能があると騒がれた子が大学で伸び悩むケースがしばしばあり、その原因の一つに固定マインドセットがあると思います。リーダーとしては、メンバーに成長マインドセットを持ってもらうように、結果ではなく努力のプロセスをほめて誘導していくことがポイントです。

しかし、それ以上に大切なのは、リーダー自身が成長マインドセットを持つことです。リーダーが固定マインドセットの持ち主だと、メンバーの成長を阻み、組織の人間関係もぎくしゃくし、勝ち続ける組織にはなれません。

ドゥエックの著書『マインドセット』の中には、ドイツの研究者ファルコ・ラインベルクによる教師のマインドセットが成績に与える影響を紹介しています。固定マインドセットを持つ教師の指導を受けた生徒は、学年の始めと終わりで成績良好群と不振群の分布が変わらなかったが、成長マインドセットを持つ教師の指導を受けたいという欲求がもともとあり、それが満たされると強力に動機づけられ、幸福を感じます。そうなるためには、「自らの意思で行動を決める（自律性）」、「意義あることへの熟達をめざす（マスタリー）」、「さらに高いレベルへの追求を大きな目的に結びつける（目的）」の三つが鍵となるという主張です。

私が帝京大学ラグビー部で取り組んできた人づくり、組織文化づくりも、モチベーション2.0から3.0へのバージョンアップに照らして考えると、共通点がたくさんあります。

モチベーション1.0、2.0、3.0の概要

	「やる気」の根源
モチベーション 1.0	生物学的衝動。生きていくために必要だからする
モチベーション 2.0	アメとムチ。報酬が欲しい（罰を避けたい）からする
モチベーション 3.0	内発的動機。やっていること自体が楽しいからする

参考資料：『モチベーション3.0』（ダニエル・ピンク著、大前研一訳、講談社）

岩出教授の
「勝利を引き寄せる」
心理学講座

|04|
モチベーション3.0（その1）

人の成長を阻む「アメ・ムチ方式」

作家のダニエル・ピンクは、人はどんな動機によって行動するのかを、パソコンの基本ソフト（OS）になぞらえ、モチベーション1.0、2.0、3.0の3種類で説明しています。

モチベーション1.0は、食欲や生命の安全など生理的欲求が人間の行動の動機となるいわば原始の世界です。時代とともに生理的欲求が満たされると、OSはモチベーション2.0にバージョンアップします。この世界での動機づけの方法は「アメとムチ」。労働者は管理しないと怠ける、仕事はつらく嫌なもの、という前提に立ち、労働者は機械の歯車の一部と見なされ、経営者やマネジャーの指示命令に忠実に従えば見返りを与え、反すると罰する。そうすれば最大の効率が得られるという考え方です。

しかし、人間はそれほど単純ではなく、アメ・ムチ方式は、意欲や創造力を低下させ、短期的思考や反倫理的行動を助長し、成果が出にくくなる（ただし、仕事自体に意味を感じにくい単純作業では2.0も有効）ことが、科学的実験で明らかになってきました。

2.0に代わる新たなOSとして、これからの組織のあり方を示したのが、モチベーション3.0の世界です。組織のメンバーは、外的報酬よりも自分の内部から生じた欲求をエネルギー源とします。人間には、能力を発揮したい、自分でやりたい、人とつながりを持ちた

「『楽しさ』が、実力を存分に発揮できるフローな雰囲気をつくりだす」

第4章

逆境に負けないメンタルを育成する

——内的環境づくり

どんな活動にも目標や目的があり、リーダーや指導者は、組織やメンバー、そこを取り巻いている環境・状態を冷静に見極めて、目標・目的を定め、その達成に向けて、適切な手段を選んでいくことが重要です。

ラグビー部の活動なので、一年かけて、大学選手権の優勝をめざしてチームを成長させていくことも大切であり、その環境を私はつくっていますが、最終目標は実は大学選手権の優勝ではありません。

ラグビーの勝利がすべてではない

部員が卒業後、社会人となり、周囲の人たちからもしっかり愛されて、信頼されて、そして幸せに人生を生きていけるように、大学4年間、ラグビーを通して人間的に成長してもらうこと。これが目標です。ラグビーがうまくなってほしいという願いも当然あるのですが、面白いことに、一人ひとりが人間的に成長するとチームワークがよくなり、ラグビーも強くなるという好循環が生まれます。ラグビーの勝利だけを目的に練習している時よりも、強いチームができあがるのです。

試合での勝利だけが唯一の目標だと、練習の雰囲気・空気は殺伐として、レギュラーになれたらうれしいけれど、なれなかったら悔しい。仲間との関係は、ぎくしゃくします。そんな空気が充満していると、部員はみな若いですから、何か寂しい思いをしてしまうし、中には足を引っ張ろうとする者も出てきてしまう。これは、モチベーション2・0の弊害でもあります。

そうではなくて、全員が何らかの形で組織に貢献できるようにして、彼らが常に成長しながら、自分の力で充実感や幸せを感じ取れるようになる。そういう力がつくように支援しながら、勝ち続ける技も磨いていきたいと考えています。

勝利に必要なのは人間力

普通に考えると、勝つための手段は「戦術の練習」ということになります。

ラグビーというのは、ボールを持ってゴールに向かっていく競技です。人数は15人で、ポジションによって、体格も担っている役割もかなり違います。個々の選手の特性とポジションをうまく組み合わせながらチームを編成することが必要なので、複雑な要素が結構あります。また、戦術もチームによって多種多様です。

私は38歳の時、帝京大学ラグビー部監督に就任しましたが、前述のように当初は本当に勝てなかった。いま振り返ると、その頃、学生の心の成長のことも考えてはいましたが、指導者の余裕のなさか、技術、体づくりを優先してしまい、心が育つレベルまで環境を整えることができていませんでした。

もちろん、勝つために練習は欠かせません。体づくりも必要です。しかし、それだけでは勝てない。帝京大学がまだ勝てなかった時期は、ラグビーに関わる運動能力とスキルだけを引き上げようとしていて、学生のマインドへのアプローチという最も大切なことを忘れていたのです。

いま、私が考えている強いチームというのは、自ら成長しようとする人の集団です。メンバーは指導者の強制や圧力によってではなく、自ら心や体のコンディションを整え、自律的に判断して変化に対応します。決められたことを確実に実行するだけでなく、創造力を働かせ常に新しいことに挑戦する人の集団になり、それを構成するメンバーは高い人間力を持ち合わせ周囲から信頼・尊敬される、というのが私の思い描く理想型です。

「自ら成長する人」の集まりが強いチームになるというのは、スポーツに限らず、ビジネスの世界でも同じです。日々の活動の中で、自律的に動く力が生まれるような機会や仕組み、風土をつくっていかなければなりません。

イノベーションを起こせる風土・文化をつくる

スポーツの世界でもクリエイティブな要素はすごく大事で、素早く状況を把握して自分たちのやりたいことを構想し、イメージをつくり、仲間と意思疎通して、実際にプレーをつくっていきます。そういう能力を一部のエリートだけでなく、メンバー一人ひとりが身につけていないと、勝ち続けることはできません。

組織の中に、常にイノベーションを起こせる風土、空気感、文化をいかにつくっていけるか。さらに、つくるだけでなく、それを維持し、マンネリ化しないように、刺激を与え続け、絶え間なくイノベーションを起こし、新しい要素を取り入れながら、常に変化させなければなりません。

スポーツ界も、監督が頭ごなしに叱りつけながら選手を引っ張る時代ではなく、いかに集団の中でイノベーションを起こしていけるか、それがとても大切な時代に来ています。

ラグビーの練習においても、選手一人ひとりがイマジネーションを持つだけではなく、チームとして組織として、どうしたいかという目的と戦略を全員で共有したうえで、練習やプレーの中にクリエイティブなアイデアを見つけ、現実化する構想力を養っていくことが欠かせません。監督、コーチ、キャプテンだけが戦略を持ち、他の選手は言われるがまま駒のように動くチームとの差は歴然です。

私は試合前に、対戦相手のどこが変わったかを、常にチェックするようにしていますが、相手チームの特に監督やコーチに、イノベーションを起こそうとしている動きや空気を感じた時には、こちらも警戒し、気合を入れて準備します。逆に、それを感じられない相手には、油断はしませんが、負ける気がしません。そうしたチームは過去の方法論でぶつかってくるので、負けない自信があります。

AIの時代に生き残れる人材を育てる

では、イノベーションを起こせる風土・文化を創りあげていくにはどうしたらいいか。大事なポイントは何か。それは、人づくりの一言につきます。

自律性、成長マインドセット、楽しさなどの直接的動機にあふれ、仲間からの信頼と尊敬を集める人。こうした人材は、将来、人工知能（ＡＩ）が組み込まれた機械が職場に進出してきても、仕事を奪われてしまう心配はまったくありません。どんな未来になっても必ず生き残っていける人材です。

そういうふうに考えると、監督としての私の役割は、いまのパフォーマンスを最高にするだけではなくて、未来にもつながる人づくりを、スポーツの世界を通じて、しっかりやり遂げなければならないことだと考えています。

ただし、人というのは他人が変えようと思っていても、変えられるものではありません。

変わることができない、ということではありません。自分自身で「変わりたい」「成長したい」と熱望しない限り、変わることはできない。ここが最も大事なところです。指導者の役割は、本人がそう思えるように、内的環境（メンタル）と第3章で述べた外的環境（組織文化・空気感）をつくり、少しだけ背中を押してあげることです。そうすれば、変われる可能性が高まります。

まずは自分づくりから

では、帝京大学ラグビー部は「内的環境づくり」をどこから始めるか。

出発点は自分を知ることです。

高校を卒業したての新入生に、「自分を知るように」と言っても、言われたほうは意味がわからず、ぽかんとしてしまいます。

その意味を説明していきたいと思います。

自分のいまの性格や特質は、なかなか変えることができませんが、さまざまな心の状態や体の状態は、変えることができます。

たとえば朝起きて、機嫌が悪くても、何かいいことがあれば、機嫌は直ります。逆に、嫌なことがあれば、すぐに機嫌が悪くなる。人間の心はこのように、ちょっとしたことで揺れ動く。

だからこそ、自分自身のメンタルを見つめ直し、いまどんな心理状態にあるかをつかむことが重要です。

どんな時に機嫌が良くなり、どんな時に機嫌が悪くなるのか、その原因は何か。普段から自分の心理状態にちゃんと意識を向けていないと、自分自身のことでも、把握できていないことが多いはずです。自分なりの気分を上げる方法、機嫌をよくする方法を発見しておくと、人生のさまざまな場面で役に立ちます。

ちなみに、ラグビー部で集合写真を撮る時には、「ミッキー！」と全員で叫びます。ミッキーマウスのミッキーです。鏡に向かって「ミッキー！」と言ってみてください。笑顔になりやすいと思いませんか。それに、何となく楽しい気分になる。そのおまじないが「ミッキー」というかけ声です。

自分と向き合うために、私たちが実行しているのが、次にあげる3種類の「内的セルフケア」です。

「内的セルフケア」の3要素

- □ 環境を整える
- □ 体を整える
- □ マインドを整える

この三つをしっかりと整え、そこから生まれていく組織の雰囲気やムードを大切にして、みんなの心の状態が常にフレッシュに保たれるよう、チーム全員で継続していきます。

では、一つずつ見ていきましょう。

内的セルフケア❶——環境を整える

環境とは自分の部屋など、物理的な環境のことを指します。

「マイヒストリー」で触れましたが、私が教員として最初に赴任した学校は公立中学でした。１９８０年代、公立中学はかなり荒れていて、当時、強く感じたのは、教室がゴミだらけで備品などが整理整頓されていないクラスは、生徒たちの心も荒れている、ということでした。ちょっとやんちゃな生徒がいて大変なクラスかなと思っても、教室がきれいで整理整頓されているクラスは、みんな落ち着いている。

周りの環境が荒れていると、自分の心もすさみやすくなり、心が荒れるから余裕がなくなり、さらに自分の周りの環境が荒れていく。こんな悪循環が生まれ、加速していきます。とりわけ、公的な場所、つまりトイレとか玄関は、もっと汚くなる。その悪循環を断つためにも、環境整備が必要です。

中学校に赴任する前には、滋賀県の教育委員会の外郭団体に出向し、公園の管理業務に携わりました。みなさんにも経験があるかもしれませんが、ゴミがちゃんと回収され、手入れが行き届いている公園は、利用者も丁寧に利用してくれます。ゴミをポイ捨てする人はほとんどいません。

ところが、手入れが行き届いていない公園では、ゴミが散乱し、利用者も平気でゴミをポイ捨てするようになる。つまり、環境のよしあしが、人の心や行動も変えてしまうわけです。

そういう意味では、トイレや玄関などの共有スペースを見ると、組織を構成するメンバーの心の状態が見えてきます。

さらに、人の心理的エネルギーの総量には限度があります。周りが整理されていないと、ものを探すのに心理的エネルギーと時間を浪費してしまいます。何かに集中したい時、心理的エネルギーの浪費は非常にもったいない。

最も集中したいことに、自分の心理的エネルギーをできるだけ多く投入するためにも、環境を整えることは欠かせません。これは、第5章で述べる「幸せ（フロー）に

なる技術　自分の実力を１００％発揮する方法」とも深く関わっています。

内的セルフケア❷ ―― 体を整える

ラグビー部の活動では、日々、練習や筋肉トレーニングなどで体を酷使します。そのままで放っておくと、体の中に負債がたまっていきます。また、学校の勉強もおろそかにはできません。

疲労した状態が続き蓄積すると、体だけでなく、心も影響を受け、ストレスがたまり、思考能力も低下してしまいます。

そのため、運動の後はしっかり体を整えることが非常に大切です。練習の時、欲張っていろいろやろうとすると、時間が長くなり、食事や睡眠時間に影響が及びます。いくら若い体であってもそのうちに悲鳴をあげ、練習時の集中力が低下し、ケガ人が増えていきます。

練習は欲張らず、できなかったことは次回に回し、しっかり食事を取り、体をメンテナンスし、よく寝る。

私は、心も体もセルフメンテナンスできるようになりたいね、という話を学生によくしています。次の「マインドを整える」でも共通して言えることですが、自分の心や体としっかり向き合って、現在の状態を客観的かつ具体的な数値でつかみ（少なくともつかもうと努力し）、休養なりメンテナンスなりして整えていく。そのことが、スポーツ選手としてだけでなく、大学卒業後、社会に出て、ビジネスの世界に入っても、非常に役立つと確信しています。

学生が自分の体の状態をつかめるように、帝京大学ラグビー部では約10年前から、ほぼ毎月、血液検査を実施していて、この検査で判明するデータは、トレーニングの効果や疲労度の客観的な指標になります。トレーニング効果のチェックは、ヘモグロビンと赤血球、疲労度はＣＰＫ（筋肉の中にある酵素）やＧＯＴ・ＧＰＴ（いずれも肝機能の働きを示す）、白血球などの数値から判断できます。

まだ勝てなかった頃は、部員に一生懸命、練習をさせていましたが、組織全体においてケアや休養に対しての意識が希薄で、疲れが取れず、心にも負債を抱え、ネガティブな状態をどんどんためていました。だから、せっかくチーム力が上がったと思っても、大事な試合の前にケガ人が続出し、負けるという時代がありました。

いまは、選手に「命がけでボールを追うな」「危ないと思ったらボールを離せ」「自己犠牲は必要ない」と言い続け、ケガをしないことに関する優先順位を、活動目標の最上位に引き上げています。

体を整えるというのは、ビジネスの世界でも同じように重要です。たとえば、睡眠不足の時、脳は酒気を帯びた時と同じ状態になっていて、判断力が大幅に鈍ることがわかっています。夜遅くまで続く長時間の会議は、判断を誤る可能性が高まります。疲れを引きずっていると、ビジネスの場での正しい意思決定も、人をうならせるような画期的なアイデアも生まれません。

セルフメンテナンスできる人材は、どんな時代でも生き残れます。

内的セルフケア❸——マインドを整える

禅の言葉に、「調身《ちょうしん》」「調息《ちょうそく》」「調心《ちょうしん》」というものがあります。身を整え、息を整え、心を整える。座禅や瞑想を行う時の基本と言われています。

私は、帝京大学でスポーツ心理学の授業を担当していますが、授業を始める前に、いくつかのウオーミングアップをします。受講者は200人くらいいます。

まず、机の上から授業に関係ないものを片付けてもらいます。飲み物はＯＫですが、食べ物は禁止です。

次に、背筋を伸ばしてもらい、全員で深呼吸をします。目を半眼にして、鼻からゆっくり息を吸い、3秒止めて、口から少しずつゆっくり吐く。これを3回繰り返す。深呼吸するので、おしゃべりの声もさっと消え、教室が静まっていきます。授業モードに入りやすくなるわけです。

深呼吸が終わると、今度は、学生に「自分で最高にいいと思う表情をしてみてください」と言います。そうすると、みんな男前、美人になっていくんですね。だから、気分もいい。その気分のいい状態で、授業に入っていきます。

よい姿勢を保ち（調身）、ゆっくりとした呼吸で（調息）、心を落ち着ける（調心）。このように、自分の内側にあるマインドを見つめて整えていけば、不安や悩み、怒り、嫉妬といったネガティブな感情が軽減し、心は自然体に近づき、ざわつきが消えていきます。鍛えるというよりも、整えることをイメージしてください。

腕組みは、不安や怒りの現れ

自然体でいることは、スポーツの世界でもビジネスの世界でも、いまの自分の状況を的確につかみ、判断し、能力を十分に発揮するための基盤となります。

野球やラグビーの試合で、よく監督が腕を組んで難しい顔をしている場面が、テレビなどで映し出されますよね。これは「構えた状態」です。その人が、怒りやいらだち、不満、不安など、ネガティブな感情を抱えていることを暗に示しています。

私も、無意識のうちに試合中に腕を組んでいたことがありましたが、最近では腕を組まないようにしています。調身・調息・調心の基本原則からすると、腕組みは、「よい姿勢」ではないわけです。

また、調身・調息・調心は、急にできるものではありません。毎日、短い時間であっても、これを意識して、自分の体や心を整える訓練をしておくことが欠かせません。大学生であれば、授業や練習の前、社会人であれば出勤前や始業前に、先ほど紹介した深呼吸といい表情をするワークを、毎日行って習慣化してみてください。

ラグビーの試合前、選手はみな緊張していて、気持ちが高ぶっています。脈拍も速くなりやすい。こうした時、調身・調息・調心を普段からできている人と、そうでない人の差が出ます。「試合の当日だけ、急にしようとしたって効果は期待できないよ」と学生たちに言っています。

これを習慣として身につけておくと、いざ大勝負の時に、とても役立つ。帝京大学ラグビー部は「勝負強い」という評価をいただくことも多いのですが、それは内的セルフケアによるところが大きい。そもそも、本当にピンチやチャンスの時は、習慣化できていない限り、気持ちがはやってしまい、調身・調息・調心を実行することすら、思い浮かばないはずです。

実力を出し切れる人とそうでない人の違い

ラグビーの試合でも、練習で身につけた力をいかんなく発揮してのびのびプレーできる人と、緊張や気負いなどのせいで実力の半分も出せない人がいます。

ビジネスの現場でも、同じように、大事なプレゼンテーションや会議、商談などの

未来や過去にとらわれていると現在に集中できない

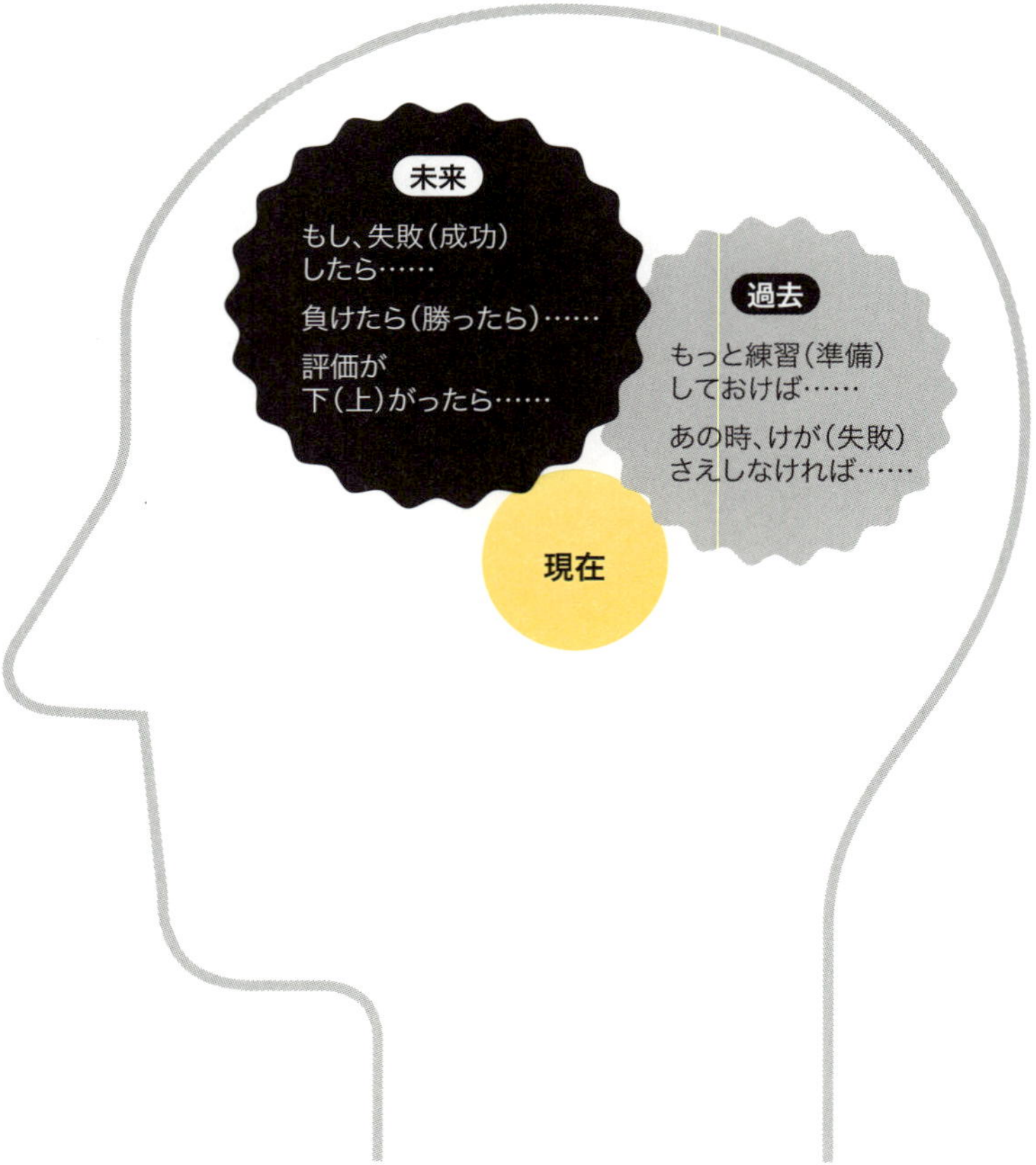

本番に強い人と、そうでない人がいる。

スポーツでもビジネスでも、実力を発揮できない原因は同じです。「現在」の自分に集中できず、「過去」への後悔、「未来」への不安に、心がとらわれてしまっているからだと、私は考えています。

何度も言うように、人間の心理的エネルギーの量は有限です。最も理想的なのは「現在」していることにそのエネルギーを全投入することですが、本番に弱い人は「過去」や「未来」に心理的エネルギーを浪費しています。現在に集中するためにも、内的セルフケアの習慣化が欠かせません。

偶然を必然にするセルフフィードバック

先ほどの三つの「内的セルフケア」に加えて、内的環境づくりとして大事なのが、セルフフィードバックです。これは企業においても盛んに行われています。

成功も失敗もしっかりと振り返る。

セルフ フィードバックの 3要素

□なぜそうなったのか。
□成功したら――それを繰り返すには、どうすればいいか。
□失敗したら――それを繰り返さないために、どうすればいいか。

自身で行動のプロセスを振り返り、自ら下した状況判断やそれが引き起こした影響や結果を見つめていくことによって、偶然できたことが今度は必然に変わっていく。この振り返りは、新しい気づきを生みます。

失敗は進化のための「ありがたいヒント」

どんな組織でも、失敗の扱いというのは、なかなか難しいものです。会社でも部下が失敗したら、上司が怒鳴りつけて、説教するという場面があると思います。そういう私も、かつてはそうでした。

部下は怒られると萎縮してしまい、それが何度も繰り返されると、思考や行動の軸が、「自分のやりたいこと」から「上司に怒られないようにすること」に変わっていきます。失敗を恐れるあまり、新しい発想もできなくなり、組織にとって最も大切な内からのイノベーションが発現しなくなってしまう。

失敗に対するとらえ方がネガティブになってしまうと、メンバーの発想力や創造性、自律性、自主性が損なわれ、組織風土が硬直化していきます。なんのチャレンジも生まれず、人の成長も阻まれます。生き物と同じで、新しい細胞が生まれない組織は、新陳代謝が滞り、急速に老化していく。

リーダーとしては、こうしたネガティブな傾向に目を光らせ、予兆を見つけたらすぐに軌道修正しなければなりません。

失敗は、成長の糧であり、進化のきっかけとなる「ありがたいヒント」です。

ただし、単に失敗に寛容になれと言っているわけではありません。同じ失敗を何度も繰り返すのは、愚の骨頂で、避けなければなりません。ただ、失敗が起きた時に当事者を責めても、組織としてはよい結果に結びつかない。そこが重要です。

ラグビーの試合の前半で、ボールを前に落とすミス（ノックオン）を繰り返した選手に対して、ハーフタイムに監督が「何をやっているんだ！　後半は絶対にノックオンするな！　わかったな！」と怒鳴りつけたとします。後半、その選手の心理的エネルギーはノックオンをしないことに大半が費やされてしまい、状況に応じた臨機応変なプレーは影をひそめることになるでしょう。

失敗を他人が責めるのではなく、自分自身で振り返るセルフフィードバックが大切なのです。

失敗にも質がある

失敗の中にも、質の高いものと、そうでないものがあります。

たとえば、3人でラグビーのパス練習をしたとします。ボールを落とすことなく3人目につながれば成功、誰かが途中でボールを落としたり、ファンブルをしたりしたら失敗だと思われるかもしれません。しかし、私の見立ては違います。

パス練習は、実は、どんなシチュエーションでどんなプレーをしたいか、どんな連携をしたいかというイマジネーションを構築し、仲間と共有し合えるようになることが真の目的です。だから、ボールを誰かが落としても、いいイマジネーションを共有できていれば、○×式で表現するなら「×」ではなく「△」ですが、「△」は「○」

扱いにしています。

その時点でパスのスキルは少し足りないかもしれないが、いいイマジネーションを持てる選手は、すぐに上達します。反対に、指導者がミスを責めていると、選手は失敗を恐れてネガティブ思考になってしまい、イマジネーションを持つどころか最も大切なモチベーションが吹き飛んでしまいます。

フィードバックでも問いかける力が鍵

セルフフィードバックのほかに、グループによるディスカッションや、上級生から下級生へのアドバイスを通じたフィードバックもあります。

その際に重要なのが、リーダーとなる人の問いかける力です。下級生も最初のうちは、気づく力が不十分で、自分自身で十分にフィードバックすることができません。そこを先輩やコーチたちが、補っていかなければならないのですが、単に気づいたことを言葉にして伝えるだけでは、本人の成長にはつながりません。

人は、アドバイスを求められると、一方的に教えたがります。よくコーチで「教え魔」とあだ名のつくような人がいます。言いたいことだけ、機関銃のようにバババババーッと言う。でもこれだと、言われたほうの記憶は、第2章で紹介したエビングハウスの忘却曲線を描くことになります。

大事なことなので繰り返しますが、何かを伝えたいなら、それを言葉にして相手に言うのではなく、相手にその言葉を言わせるように質問していく。これがポイントです。**自分で言うと、その言葉に「責任」が生じます。**誰でも「言っていることと、やっていることが違うじゃないか」とは言われたくありません。自分で言ったことと、人から言われたことでは、責任の重さが違う。だから、自らが発言したことに対して真剣に考えるようになります。

もし、**10個言いたいことがあるとしたら、まず三つくらいに割ります。**たとえば、**試合前、試合中、現在の時系列で三つに割る。また、自分が相手に言ってほしいことを考える際に、客観的事実、推測、意見という具合に区別することを意識すると、論理的に話を進めやすくなります。そして、相手（下級生）にそれを言わせるためにシナリオをつくって、順番に聞いていきます。**聞き方は当事者（上級生やコーチ）に任せますが、質問の基本である5W1Hをおのずと駆使することになります。特に「なぜ（why）」「何を（what）」「どのように（how）」を、頻繁に使うことになるはずです。

「応援したくなる人」をめざす

上級生は後輩たちに、正しい考え方を引き出す問いを中心に、論理的に語り、もちろん言うだけでなく実際に行動で示す（可視化）。

それで結果的には何が生まれるか。

下級生は正しい考えを身につけるだけでなく、上級生から丁寧に対応してもらえることを通じて、上級生への信頼感が増し、リスペクトして慕う、という形に関係性が変わっていく。人から慕われる人は「応援したくなる人」になれます。

そういう人を自然な形で生み出していける組織文化を創ることをめざしています。

セルフ
フィードバックの
まとめ

□結果や内容を振り返る（成功も失敗も）
□失敗に寛容な文化（安心感）
□答えを導き出す質問力をつける（可視化・論理化）
□グループディスカッション（発言に責任が生じるため、真剣に考えるようになる）

ここまで内的環境づくりについて、いろいろと説明してきましたが、これを一言にまとめると、

「日常生活を丁寧に、大事に送る」

となります。

身の回りの環境が少しずつ整えられ、心も落ち着いてきて、日常生活を丁寧に送るようになると、「気づき」も増えていきます。少し時間はかかりますが、他者からの心遣いに対して、「ありがとう」という感謝の気持ちを自然に表現できるように、確実に変わっていきます。

人間としての幅を広げること、これがその人の魅力につながり、周りの人々が応援

したくなる理由になります。

そうした「人の魅力づくり」に少しは役立つかもしれないと思い、数カ月に1回、周辺地域の清掃活動や、幼稚園児を対象にしたラグビー教室などのボランティア活動にも取り組んでいます。

幼稚園児を飽きさせないコミュニケーション術

幼稚園児を対象にしたラグビー教室は、ラグビー普及のための活動という位置づけではなく、人としての魅力、創造性を磨くための研修の場と考えています。

幼稚園児は、楽しくないとすぐに飽きます。そのため、飽きさせないようにする創意工夫が必要です。たとえば、ボールを蹴ることを教える時も、「上と真ん中と下の三つのうち、どこを蹴ったら一番飛ぶと思う?」とクイズ形式にして、答えを聞いた後に実際に蹴ってみせると、興味津々になって質問をしてきます。もちろんそのあと、園児にも体験してもらいます。

実は、こうした場で質問や説明をする際に、その人のコミュニケーション能力が試されているわけです。ラグビー教室と言っても、実際には遊んでいるだけですが、遊びを通して、部員が人としての幅を広げることの大事さに気づいてほしいと思っています。

自分づくりから仲間づくりへ

帝京大学ラグビー部の人材育成は、これまで述べてきたような自分づくりから始まり、次のステップは仲間づくりです。

仲良しグループというのは、放っておいてもできます。けれども、お互いがきちんと向き合っていない仲間というのは、絆が弱くて、ちょっとした障害があるとすぐ壁にぶち当たり、ばらばらになってしまう。それでは強いチームにはなれません。単なる仲良しグループではなく、高いハードルに直面しても、団結して超えていけるような強い絆を形成する必要があります。

仲間づくりのために、私たちは三つのことを実践しています。

仲間づくりのための三つの行動

- □チームで学習する
- □多様性を生かす
- □新しい価値観を創造する

帝京大学ラグビー部では、選手同士のミーティングが頻繁に行われます。学年ミーティング、グループミーティング、さまざまな少数ミーティングがあり、仲間と仲間を意図的に関わらせる機会を多く設けています。

目的は、参画の楽しさを実感してもらいつつ、「学習の場をつくる」ことです。未熟な段階においては、こうした場では、お互いが主張ばかりして、ぶつかる人がいる一方で、黙っているか、ほとんど発言しない人もいる。企業の会議でも、同じような光景が見られるのではないでしょうか。

しかし、お互いに少しずつ背景を理解し合い、対話を重ねると、空気が変わっていきます。特に年末から2月にかけて、主将を決めたり、学生コーチを決めたりする時期、お互いに考えをぶつけ合い、認め合い、共有することを通じて、各個人の本当のキャラクターがむき出しになってきます。すると、単に声の大きい者ではなくて、人間性の優れた者がおのずとリーダーを任されるようになっていきます。

また、ラグビー部には、外国人選手もいて、日本人にはない発想の意見も飛び出してくる。大学生という枠の中ですが、多様性（ダイバーシティー）の素晴らしさとパワーに触れるよい機会です。多様性があるから、イノベーションも生まれやすくなります。

チームとして毎年掲げている行動目標の一つは「前年のチームを上回ること」です。前年と同じことを繰り返しているだけでは、上回ることはできません。何か新しいチャレンジや価値観、イノベーションが不可欠です。多様性を生かし、さまざまな少数ミーティングを通じたチーム学習によって新しい価値観が生まれ、チームの進化につながると私は考えています。その結果、春には3年生がたくましい新4年生に、そして2年生は新3年生になり、上級生としての気概を見せるようになってくれます。

試合の勝ち負けは相手との相関関係で決まる

勝ちたいと思うこと、勝利をめざすことは、悪いことではありません。

ただ、試合の直前になって、あるいは試合が始まってから、試合結果のことを考えるのは無意味です。

映画館に入って、すぐに映画の結末のことなど考えませんよね（もし、わかってしまったら面白くない）。それと同じで、いまこの瞬間をどう楽しむかがとても大事です。いま向き合っている「現在」だけに、自分の心理的エネルギーをすべて注げば、心から楽しめる。スポーツやビジネスであれば、持っている力を出し切ることができます。その結果、負けたのであれば、仕方ありません。

相手の実力が自分たちよりも上回っていた。ただそれだけです。

このように、勝つか負けるかは、相手との相関関係で決まります。相手より実力が上回っていれば勝つし、相手の実力が我々より少し上でも、相手が実力を半分しか出せなければ、こちらが勝てます。簡単な足し算、引き算の世界です。

相手が実力をどの程度発揮するのかは、こちらからコントロールできません。つまり、自分たちにできることは、それまで積み重ねてきたことを100％出し切れるよう、現在に心理的エネルギーを集中させること。それしかありません。

負けの原因は自分にある、勝ちの原因は相手にある

たいていの場合、負けの原因というのは、相手ではなく、我々がつくっています。うまくいかない時というのは、周りに責任を転嫁しがちですが、自分が責任の中心にいます。

一方、勝ちの原因はどうか。勝っている時というのは勢いがあり、自分たちの実力のおかげのように思えますが、実は相手がチャンスを与えてくれているケースも多い。それをしっかり理解しているかどうかが重要です。

相手に勝ちを与えるのか、相手からチャンスをもらうのか。そのどちらがいいのか。さまざまな経験を重ねて、勝ち負けの相関関係をちゃんと押さえながら、試合時だけでなく、平常時から学習していくことが大事です。

勝敗は実力の相関関係で決まる

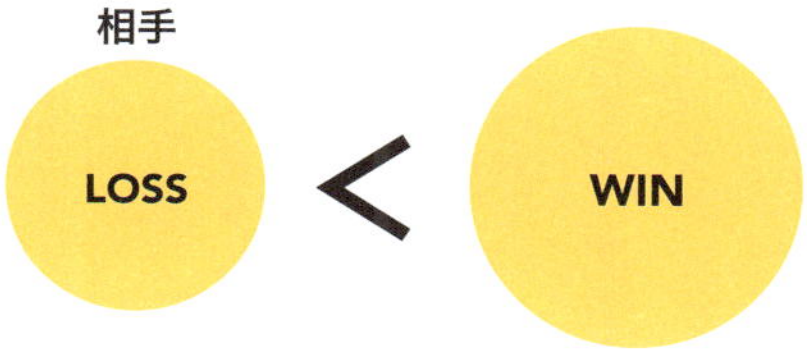

本番で互いに実力を出し切った ➡ **実力の高いほうが勝つ**

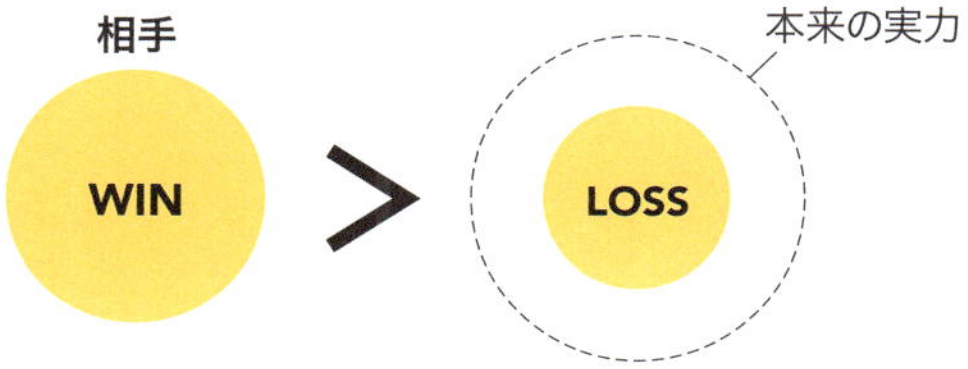

本番で実力を出し切れなかった ➡ **負けの要因は自分たちがつくる**
（実力が相手を上回っても負ける）

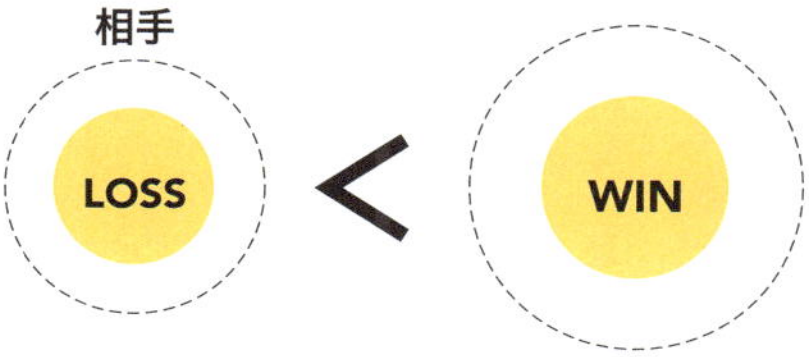

本番で相手が自滅した ➡ **勝ちの要因は相手がつくる**
（調子がいまひとつでも勝てる）

人間力は成長の無限の伸びしろ

私は、勝負強さの根幹にあるのは人間力だと考えています。人間力を上げると、自分のメンタルをコントロールできるようになり、逆境に追い込まれた時でも、常に自分の100%の実力を出せるだけでなく、その人の人間力が仲間や他者の行動を促し、逆境を乗り越える大きな力となります。

スポーツの技術や戦術面のレベルアップが勝負の結果につながることは確かにありますが、**技術も戦術も、それを実行するのは人です。いくら優れた戦略や戦術でも、それを実行する人間の力や組織風土が伴っていないと、効果は期待できません。**

これは、ビジネスの世界でも同じことが言えます。A社で通用した戦略・戦術が、B社では役に立たないことがよくあります。人材や企業文化、それを含めた現場力が違うからです。こうした戦略の不適合は、頻繁に起きていると聞いています。優秀な経営コンサルタントは、企業の実情に合ったテーラーメイドの戦略・戦術を立案し、その企業にできないことや向いていないことは提案しません。レベルの低い経営コンサルタントは、どの企業にも同じ戦略・戦術を強引に当てはめようとします。

「学習スピード」のある個人と集団をつくる

我々に勝つために、ライバルチームは熱心に研究してきます。戦略や戦術のコピーもすぐにしてくる。それが当たり前の時代です。

だからこそ、個人と組織が変化に対応するためにチーム学習をするだけではなく、学習スピードを上げていくことがとても大切です。少人数のミーティングを頻繁に行っているのはそのためでもあり、日々の活動の中で発想、イノベーションのテンポを上げていくアプローチをしています。

情報の伝達スピードを上げる手法「SBAR」

学習スピードを上げるためのツールとして、いま導入を図っているのが、SBAR

（エス・バー）という手法です。「報告・相談の際、SBARを使うようにしてはどうか」とスタッフから提案があり、今年からチームルールにしています。

SBARはもともと、潜水艦内での「情報伝達の方法」として米国海軍で開発され、その後、航空産業でも活用され、現在では、医療機関の医師−看護師間の緊急時対応でも活用されているコミュニケーションスキルです。

SBARは、単語の頭文字を取った造語で、S（＝Situation　現在の状況）、B（＝Background　背景や経過・詳しい説明）、A（＝Assessment　報告者の評価・自分が問題だと考えること）、R（＝Recommendation　報告者からの提

SBAR（エス・バー）で情報伝達・判断をスピード化させる

	〈相手に伝える内容〉
Situation	現在の客観的状況
Background	背景や経過などの説明
Assessment	報告者の評価・報告者が問題だと考えること
Recommendation	報告者からの提案や依頼・自分が考える改善方法

案・依頼、自分が考える改善方法）を意味します。

現場の人間が、S→B→A→Rの順番で状況を報告することで、情報の受け手が報告内容を的確に把握できるようになり、情報の伝達スピードと次のアクションまでのスピードが大幅にアップします。

SBARの特徴は、単に、状況（S）を報告しているのではなく、報告者による評価（A）と提案（R）が伝わることです。

若い選手には、もっと自分の意見を持つ力を養ってほしいと私は考えています。自分の意見をしっかり持つためには、情報を集める力、情報を精査・整理する力、他の人が納得する論理を構成する力、論理を積極的に話せる情熱、自分の言動に責任を持つ胆力などが必要です。

たとえば、選手がトレーナーに、けがや体調不良についての相談を持ちかけた際、状況（S）だけを伝えて、あとは「どうしたらいいでしょうか？」と言うケースが非常に多い。B（背景）、A（評価）、R（提案）をまったく言わないため、トレーナーは時間をかけて選手から聞き出さないと情報は取れません。このような会話が、私には少しもどかしく感じます。

もちろん、健康のこと、体のことで選手にわからないことも多いかもしれませんが、自分で判断がつく範囲のことは、まず自身で整理して判断してほしい。体調不良があれば、病院に行き検査する、療養部屋に移るなどは、指示がなくても、本人の口から言ってほしい言葉です。

選手自身の判断が間違っていたり、足りない部分がある場合に限って、こちら側が指摘・修正・追加するだけで済めば、時間が短縮でき、それによって節約できた時間を使って、より建設的な方法を考案することができます。

学生たちが将来、社会に出て、自分自身の意見をいつ尋ねられてもいいように、いまからトレーニングをしておくことが大切です。

試合中も、練習中も、グランド外の活動でも、ＳＢＡＲで情報を整理し、周囲に説明できれば、仲間にも伝わりやすく、よいチームワークやパフォーマンスにつながると思います。

平成世代の中には、自分の意見をなかなか言わない・言えない人が多いように感じます。その背景には、間違ったら怒られる、笑われる、自分の言葉に責任が持てない、持ちたくない、言ってもらったほうが楽、言った人の責任にしたい、というネガティブな気持ちがあると思います。このような雰囲気を変えるためにもＳＢＡＲを広めて、自分の評価や意見を持つ訓練をしていきたい。それによって、自分自身に責任感と自信を持てるようになると思うからです。

イノベーターをつくる

ある日、私が講演会のためのパワーポイント資料をつくっていたら、近くにいたスタッフが私のノートパソコンを横から覗いて、こう言いました。

「あのー、インベーダーをつくるって何ですか?」

その人(昭和世代)はイノベーターをインベーダーと見間違えたのですが、確かに、改革するということは、最初は周囲から、インベーダー来襲のようなイメージを持たれがちです。

私も、帝京大学に来たばかりの頃は、学生たちから侵略者や破壊者のように思われていたはずです。私のほうも、徹底的に変えてやろうと意気込んでいましたから、実際、破壊者だったかもしれません。でも、従来の方法論が通用しないことに気づき、新しい方法論を考え、まず自分から変わっていこうとした。その結果、インベーダーではなくなり、イノベーターになっていけたのではないかと思います。

では、イノベーターの資質とは何か。

情熱と共感力がなければ、組織の現状や課題など、さまざまなことを感じ取れません。問題意識を持てなければ、解決策を考えることもできない。アイデアを思いついても、行動できなければ、机上の空論に終わってしまいます。

しかし、資質として何よりも重要なのは、その人についてくる仲間がいて、それ以外の人も引きつける魅力を持っていること、すなわち周囲から応援してもらえる人になることです。

KEY TAKEAWAYS
第4章の重要ポイント

□成長に必要なのは人間力

スポーツであれば、技術の習得・向上が勝利に近づく最も重要な手段と考えがちだ。技術向上は確かに必要だが、メンタル面での進化がなければ、どんなに長時間、練習したとしても進歩には限界がある。自分自身で内的環境を整備し、人間力を磨くことで、遠回りに思えるかもしれないが、実力を安定的に発揮し、周囲を巻き込んで、大きな変革と成長を遂げることができるようになる。

□「過去」や「未来」にとらわれず「現在」に集中する

本番で力を出せない人の多くは、心理的エネルギーが「過去（もっと準備しておけばよかった）」や「未来（失敗したらどうしよう）」に浪費され、最も大切な「現在」に少ししか投入できない。勝負は相手との相関関係で決まるもので、できることは限られている。自分たちにできることは、「現在」に集中し、実力を100％出し切ること。そのための訓練を平常時から積み重ねておくことが欠かせない。

動は「自律性」「マスタリー」「目的」の三つの要素をよりどころにしています。組織のリーダーは、これらの要素を存分に発揮できるような環境や仕組みを整えていかなければなりません。もちろん、組織のリーダー自体の行動が、タイプIの典型であるように心がけるのは言うまでもありません。

タイプXとタイプIの特徴

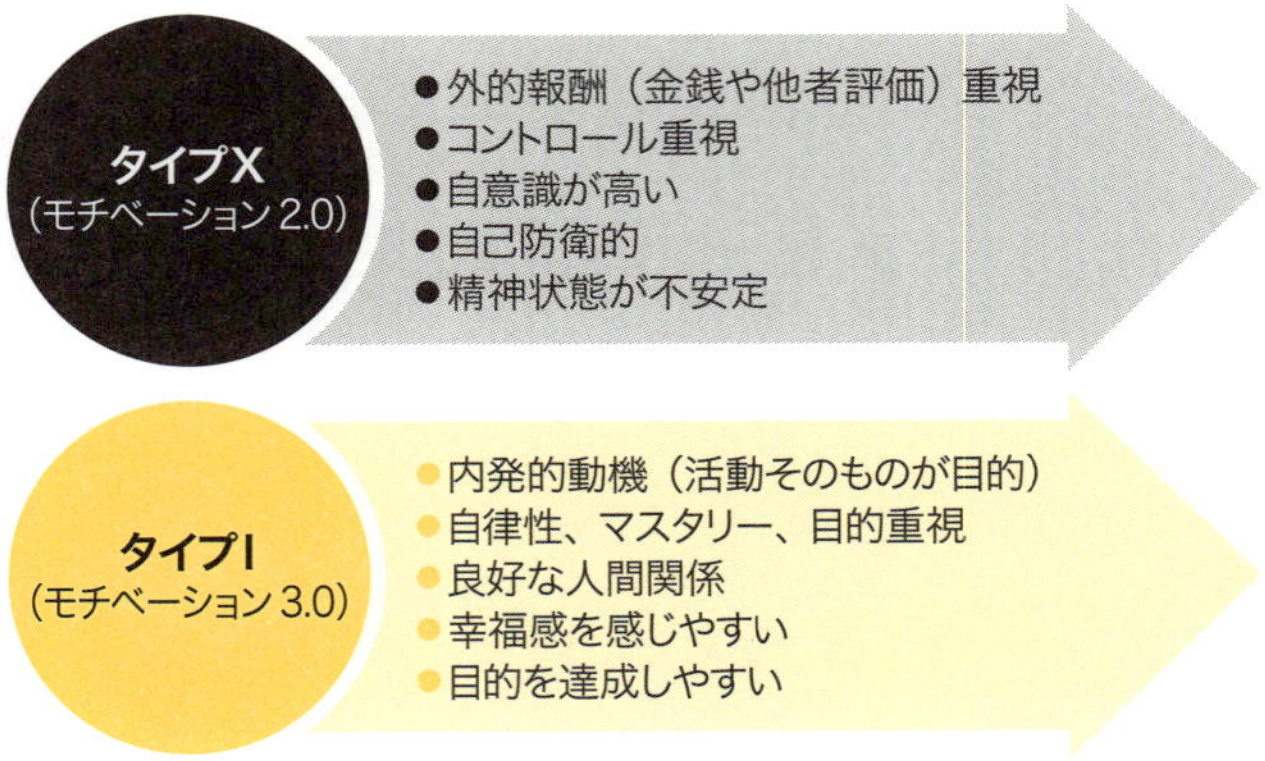
タイプX
（モチベーション 2.0）
●外的報酬（金銭や他者評価）重視
●コントロール重視
●自意識が高い
●自己防衛的
●精神状態が不安定
タイプI
（モチベーション 3.0）
●内発的動機（活動そのものが目的）
●自律性、マスタリー、目的重視
●良好な人間関係
●幸福感を感じやすい
●目的を達成しやすい

参考資料：『モチベーション3.0』（ダニエル・ピンク著、大前研一訳、講談社）

岩出教授の
「勝利を引き寄せる」
心理学講座

|05|

モチベーション3.0（その2）

タイプXとタイプI

ダニエル・ピンクは、モチベーション2.0が前提にしている人間の行動を「タイプX」、モチベーション3.0が前提にしている行動を「タイプI」と分類しました。

タイプXが主に動機づけられるのは外的な報酬（お金や他者からの評価）なのに対し、タイプIは内発的な欲求に突き動かされます。活動自体が目的であり、長期的にはタイプXの人よりも目的を達することが多いと著書『モチベーション3.0』の中で述べています。もちろん、タイプIも、お金を重視しないわけではないが、報酬がある程度の水準に達し、同僚などの間で不公平感がない場合は、それ自体が行動の目的にはなりません（ただし、フィードバックの一つとして受け止めます）。

そして、タイプIの人は、タイプXの人に比べて、良好な人間関係を築きやすく、精神状態が安定していて、幸福感も強いとしています。タイプIの人が増えれば、職場が明るくなり、コミュニケーションも活発になり、楽しい雰囲気の中で活動できるようになるはずです。

これらのタイプは、先天的なものではなく、後天的なものなので、ぜひ身につけたいものです。

「モチベーション3.0（その1）」でも紹介しましたが、タイプIの行

です。試合の時だけでなく、普段の練習や生活でも「楽しさ」をどう実現できるか、私だけでなく部員全員で考え、少しずつ実現させてきました。「帝京ラグビーの強さの源泉は楽しさにある」と言えるようになりたいと、本気で思っています。

自己決定理論による動機づけの説明

	「やる気」の根源	自己決定度
内発的動機づけ 内的調整	やること自体が楽しいから、 興味があり好きだから	高
外発的動機づけ 統合的調整	外発的だが、自分の価値観や アイデンティティーと同じだから	
同一化的調整	目的や成長に必要だから	
取り入れ的調整	名誉のため、恥をかかないため	
外的調整	報酬を得るため、罰を避けるため	低

参考資料：Ryan,R.M.&;Deci,E.I.;"Self-determination theory and the facilitation of intrinsic motivation, social development,and well-being".American Psychologist,Volume 55 (1),January 2000.pp.68-78.

岩出教授の
「勝利を引き寄せる」
心理学講座

06
自己決定理論

「内発的動機＝楽しさ」に勝るものなし

モチベーション研究で、近年最も大きな影響を与えたものの一つに、心理学者のエドワード・デシとリチャード・ライアンの自己決定理論（SDT＝Self-Determination Theory）があります。彼らは動機づけを、本人の内側から湧き出てくる「内発的動機づけ」と、外部からの刺激による「外発的動機づけ」の二つに分けました（「非動機づけ」を入れると三つになります）。

人間にはもともと、能力を発揮したい（有能感）、自分でやりたい（自律性）、人とつながりを持ちたい（関係性）という心理的欲求があり、この三つの欲求が満たされると内発的動機が高まり、成果が出やすくなり、本人も成長していくという好循環が生まれやすくなります。

自己決定理論という名の通り、動機の自己決定の度合いが高いほど、強力な力になります。「やること自体が楽しいから取り組む」といった内側から湧き上がった動機は、自己決定の度合いが最も高い。また、外発的動機についても、自己決定の度合いに応じて、高い順に「統合的調整」「同一化的調整」「取り入れ的調整」「外的調整」の四つに分類され、自己決定の度合いが高いものは、成長につながる行動の動機になるとされています。

帝京大学ラグビー部のチームスローガンは、「Enjoy＆Teamwork」

「勝利が最終目標ではなく、人間的に成長し、
周囲に幸せを『与える人』になってほしい」

第5章

幸せ(フロー)になる技術
——自分の実力を100%発揮する方法

2008年度、帝京大学は、関東大学ラグビー対抗戦で初優勝し、大学選手権に臨みました。しかし、決勝で早稲田大学に敗れ、創部初の大学ラグビー日本一をあと一歩のところで逃してしまいました。

決勝戦を振り返ると、早稲田大学には対抗戦で勝っていたので、チームに過信と油断がありました。そのため、前半のロスタイムで相手に逆転トライとゴールキックを決められると、不意打ちを食らったかのように一気に浮き足立ち、メンタル面で少しずつ崩れていき、後半も立て直すことができず、実力を出し切れませんでした。

当時の私は、部員の気分を高揚させることが最も大事だと考え、試合前やハーフタイムの時に、選手を笑わせたり、喝を入れたり、あの手この手を使って盛り上げていました。いまでも、YouTubeの面白い動画を見せたり、気持ちが高揚するような歌をうたったりと、雰囲気づくり重視には変わりないのですが、当時はフローやメンタルマネジメントという視点でチームにアプローチはしていたものの、まだまだ浸透させることができておらず、メンタル面は「いかにノリをよくするか」という考え方になっていました。

しかし、ノリだけでは、選手の心理状態をマネジメントすることはできません。自分たちを取り巻く状況が少し厳しくなるだけで、ノリはどこかに飛んでいってしまいます。決勝の早稲田大学戦の敗戦から、メンタルマネジメントについてもっと学び、もっと鍛えて、ベストな心理状況に意図的にもっていける技術を身につけ、好不調の波を小さくしなければならないと痛感しました。

勝利の背景に心理学あり

私は帝京大学で、スポーツ心理学の授業を担当しており、心理学を勉強していて使えそうな理論や研究に出会うと、すぐにラグビー部の活動に取り入れています。実は、9連覇の原動力の一つには、心理学の活用があると言えます。

私は心理学者ではありません。心理学の実践者であって研究者ではないので、自己流で解釈している部分もあります。現実の活動の中には、いろんな心理学が混ざっていると思いますが、**一つ柱があるとしたら、それはフローという概念です。部内の雰囲気、空気感、人間関係など、帝京ラグビー部の組織文化がフローであることを強く意識しています。**

フローというのは、ハンガリー出身の心理学者、ミハイ・チクセントミハイが提唱したもので、誰でも、フローの経験はあると思います。集中して何かに取り組み、あっという間に時間が過ぎてしまった――その時の感覚です。

フローになった時、人は持っている能力を存分に発揮することができ、チームの活動であれば、仲間とまるでテレパシーで通じ合い、チームの端々まで神経が行き届いている感覚で思い通りのチームプレー、チームワークが実現できるようになります。

そして何より大事なのは、フローになった時、人は充実感や楽しさ、生きることの幸せを感じます。

それもそのはずです。実は、チクセントミハイは、人が日常のどんな場面で幸せを感じるかを調査し、行き着いたのがフローだったからです。

チクセントミハイは幼少期に第二次世界大戦を経験し、民衆が悲惨な思いをし、生活にも苦労していたことが脳裏に焼き付いていました。

終戦後、約10年経過した1956年に米国で行われた調査によると、30％の人が「とても幸せである」と答えたそうです。

ところが、その後、経済が急成長し、所得がどんどん増えた後でも、この比率はあまり変わっていません。その理由は何なのか。お金が幸せにつながらないとしたら、何が幸せをもたらすのか。それを追求して、フローに行き着いたそうです。

フローの条件

大学で過ごす4年間のうちに、なるべく多くのフロー体験を学生にさせてあげたい、そしてフローに入る技術を身につけてほしい、というのが私の願いです。

フロー状態に入るには、いくつかの条件があります。その条件を知り、クリアできるように訓練することによって、フローに入りやすくなる、つまり幸せを感じやすくなる人になることができます。

フローに入る技術を身につけられれば、一生ものの財産になるはずです。

フローの提唱者であるチクセントミハイは、フローの特徴として、次の七つをあげています。

フローの特徴

1. 高度に集中し、没頭している
2. 現実離れした忘我の感覚がある
3. 目標が明確で、何をどうすべきか心得ている
4. タスクの難易度が適度で、やれる自信がある
5. 平静な心。心配事がなく、成長を実感できている
6. 時間の感覚を忘れる
7. 活動自体が報酬になる内発的動機が原動力

参考資料:『フロー体験入門』(ミハイ・チクセントミハイ著、大森弘訳、世界思想社)、「ミハイ・チクセントミハイ:フローについて」TED2004, https://www.ted.com/talks/mihaly_csikszentmihalyi_on_flow?language=ja

ラグビー部の活動を通じて、社会人になってから大変役に立つ、幸せに近づく技術を、大学4年間で身につけてほしいと考えており、大学の4年間は、そのための予行演習期間と位置づけています。

では、幸せに近づく技術とは何だろうか。私なりの結論を言うと、**人は、やりたいことに集中できて、自分の実力を１００％発揮できた時、大きな幸せを感じると思います。さらにその時、自分だけでなく周りの人を幸せにできていたら、もっと幸せな気持ちになる。**実は、人は、その幸せを味わうために生きているのではないか、と感じることさえあります。

私が帝京大学ラグビー部で実行してきたさまざまな改革を振り返ってみると、実は、フローというキーワードで、それぞれの点がつながっていきます。つまり、いかにフローが起きやすい状態をつくり出すか――。そのために、これまで述べてきたような外的環境と内的環境の整備、脱・体育会への組織改革、ミッション・コマンドの自律型学習組織の形成などに取り組んできました。

フロー状態が重要なのは、大事な試合の時だけではありません。むしろ、普段の練習時や日常生活で、フローに入れるようにスキルを磨いておくことが、最も重要なポイントです。

普段からフローに入りやすい人は、当然、大事な場面でもフローに入りやすく、ピンチの時に100％の実力を発揮して、逆境を乗り越えられるようになります。このフローに入るスキルは単に、スポーツの試合に勝つためだけでなく、身につければ一生モノの武器になるはずです。

本章では、この一生モノのスキルである「フローに入る方法」を紹介したいと思います。これから書くことは、私の経験則によるものがたくさん含まれていて、学術的なフローの研究と整合性の取れない部分があるかもしれません。いわば「岩出流フローに入る技術」となりますので、ご承知おきください。

フローに入りにくい人、入りやすい人

誰でもフローに入った経験はあるはずです。だから、フローに入れる可能性は誰にでもあるはずなのですが、現実には、フローに入りやすい人とフローに入りにくい人がいます。その差はどこから来るのか。それを考えることで、フローに入るための条件をあぶり出していきましょう。

フローに入るための鉄則❶

明確な目標を定め、心理的エネルギーを集中させる

まずは、**心理的エネルギー**についてです。フローというのは、自らの心理的エネルギーをある対象に向けて、ほぼ100％近く集中させている状態です。したがって、そもそも意識を向ける対象が不明確では、フローに入ることはできません。

明確な目標や目的、つまり、やるべきことが明確になっている必要があります。人間は「目標の動物」です。明確な目標を持っていれば、意識的にも無意識的にも脳は目標をフォーカスし続け、それを実現しようと努力します。

しかし、目標がない、あるいは不明確だと、心理的エネルギーは拡散し、成長につながる行動には結びつきません。もちろん目標や、やるべきことの中身を何にするのかも大切です。

フローに入るための鉄則❷

あらゆることに成長マインドセットで取り組む

次に、本人が成長マインドセットであるかどうか。これもフローの入りやすさと密接に関係しています。成長マインドセットとは、「能力は誰でもいつでも伸ばすことができる、いまはできないことでも努力すれば必ずできるようになる」という考え方や信念のこと。その逆に当たるのが、「人の能力や才能は生まれながらのもので、努力するのは時間の無駄」と考える固定マインドセットです。

成長マインドセットの人は、目標の達成に向けて行動を続け、途中で困難な出来事に突き当たっても、努力で乗り越えられるという信念を持っているので、勇気を持って立ち向かうことができます。自分の現在の能力や実力をほぼ正確に把握し、何か失敗したとしても、何が足りないのか、何を学ばなければならないのかがわかっていて、自ら学習していきます。

一方、固定マインドセットの人は、途中で困難な出来事にぶつかると、自分には才能がなく克服するのは無理だと、すぐにあきらめてしまいます。その半面、自分の能力や実力を過大評価していて、物事が思い通りにいかないと、他者や周囲、世の中のせいにします。

こういうふうに説明すると、人間というのは、成長マインドセットを持つ人と固定マインドセットを持つ人のいずれかに分かれると思うかもしれませんが、多くの人はこの両方を持ち合わせています。たとえば、ラグビーに関しては成長マインドセットだが、プライベートな生活では意外に固定マインドセットである、という具合です。

ですから、自分はいま成長マインドセットでいるのかどうか、常に意識しておく必要があります。特に、組織の中では、上に立つ者が固定マインドセットだと、組織メンバーの成長を阻んでしまう可能性があるので注意が必要です。

リーダーや上司が、部下の成長を信じて接することは、人材育成にとって非常に大きな鍵となります。これは、米国の教育心理学者ロバート・ローゼンタールの実験によって示されたピグマリオン効果にも通じるところがあるかもしれません。

その実験とは、こういうものでした。ある小学校で学習能力予測テストを行い、「今後数カ月の間に、成績が伸びてきそうな生徒が判明した」と言って、各クラスの担任教師にその生徒の名を伝えました。ただし、対象の生徒本人にその事実を伝えてはならず、彼らを特別扱いせず、他の生徒と分け隔てなく接するように念を押したそうです。実際、その生徒たちの成績は予想通り伸びていった、というものです。

実はこの実験で、最初に行ったテストはまったく意味のないもので、担任教師には無作為に抽出された生徒の名が示されていました。つまり、上司やリーダーが部下に対して「こいつは伸びる」と潜在的な可能性を信じて接していると、その期待が現実のものになりやすいことを実験で示したわけです。


マインドセットが成長か固定かは、自分だけでなく、周りの人たちの成長にも影響を与えます。リーダーはその波及効果を軽視してはなりません。

フローに入るための鉄則❸

いまのレベルより「ちょっと上」にチャレンジする

フローに入る条件として重要な要素の一つが、その人が持っているスキルと、取り組む対象の難易度（チャレンジ）のバランスです。

それを示したのが次ページの図です。

この図は、高いスキルの人が、高いレベルのチャレンジをした時、フロー状態になりやすいことを示しています。

一方、チャレンジが難しすぎると不安な気持ちや心配に襲われて、集中したり熱中したりできなくなります。たとえば、片言の英語しか話せないのに、いきなり海外出張を命じられ、外国企業との契約交渉を任せられる、といった状況を想像してみてください。不安で夜も眠れないですよね。

逆に、チャレンジのレベルが低すぎると、退屈したり、そのことにあまり関心を払わなくなったりします。英語の得意な人に、中学1年生レベルの英語の宿題を出した時の状態を想像してみてください。そこまで極端でなくても、や

スキルとチャレンジのレベルから見たフロー(イメージ図)

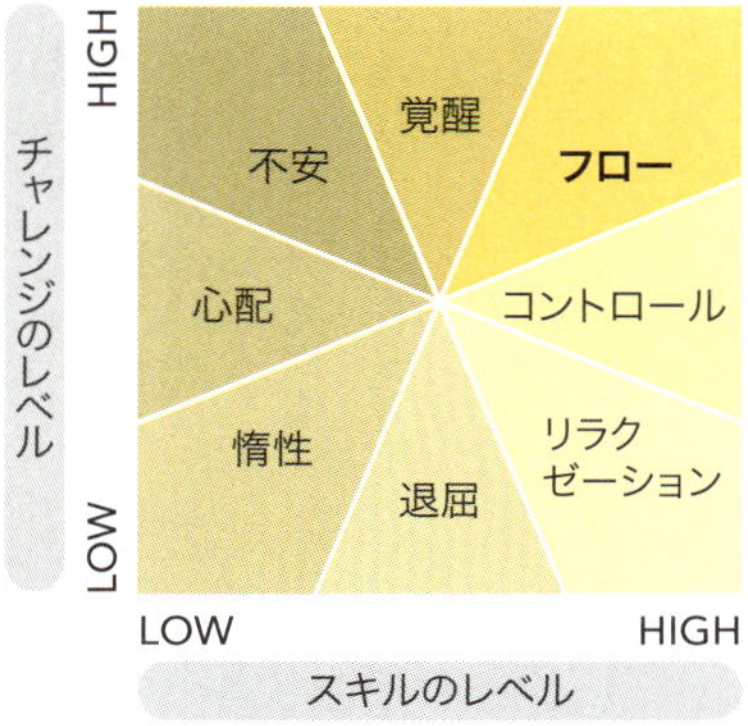

参考資料：Nakamura.J.& Csikszentmihalyi.M.(2009).The concept of flow.In Snyder,C.R.& Lopez,S.J.(Ed.). Oxford handbook of positive psychology.Oxford University Press,USA.89-105.、「ミハイ・チクセントミハイ：フローについて」TED2004, https://www.ted.com/talks/mihaly_csikszentmihalyi_on_flow?language=ja

るべきことがほぼルーティン化している仕事に長年就いていて、毎日、同じことの繰り返しで飽き飽きしている状態も、フローからはほど遠いと言えます。

私たちが一番注意しなくてはならないのは、「惰性」です。練習の中に惰性が生じると、成長が止まり、退化が進み、勝利から遠ざかっていきます。

私たちがめざす「一人ひとりが自律的に成長する組織」の対極にあるのが、「惰性で動く組織」です。組織のリーダーは、惰性につながるような予兆が起きていないか、常に目を光らせ、リーダーである自分の言葉や行動、考えが惰性に陥っていないかどうかについても、常時、セルフチェックする必要があります。

フローに入るための鉄則❹

即座のフィードバックがある

スポーツは、たとえば試合であれば、自分が行動した結果が即座に現れます。その意味では、フィードバックを得やすい活動と言えるかもしれません。フローを導くには、フィードバックを得やすい環境が必須とされています。自分がうまくやれていることをリアルタイムで自覚することにより、さらに集中力を高めて、没入していくことができます。

逆に言うと、的確なフィードバックをなかなか得られないと、フローのような集中した状態には入りにくい、ということになります。

我々も、確かに試合では、フィードバックを得やすいですが、普段の練習や体づくりでは、かなり強く意識していないと、フィードバックがおろそかになりがちです。

毎年、春に4年生が卒業し、新入生が入部して、チームが新しくなります。人が入れ替わり、チームが大きく変化する時期こそ、的確なフィードバックが欠かせません。

すでに紹介しましたが、4月から5月にかけては、練習をたびたび中断させて、「いまどんなことを考えて、その動きをしたのか」「その際、大事なことは何か」を、グラウンド上で「3人トーク」をしてもらい、1~2分議論してもらいます。

また体づくりやコンディション調整に関しても、部員一人ひとりがトレーナーや栄養士と「なりたい体」について話し合った上で、目標数値を定め、自分がいま、その数値にどのくらい近づいているのかを具体的にわかるようにしています。月に1回の血液検査も、自分のコンディションを調整していく際に欠かせないフィードバック情報源になっています。

このように、自分のコンディションや実力の現在値を正しく把握し、めざす数値との距離感がわかれば、その先、どんな形で努力していけばよいかの道筋が見えてきます。これは前出の「フローに入るための鉄則3　いまのレベルより『ちょっと上』にチャレンジする」にも深く関連します。現在値と目標値の把握は、成長マインドセットをうまく機能させるための前提条件になります。

フローに入るための鉄則⑤

大事なのは「未来」や「過去」ではなく「現在」

ラグビーやサッカーや野球は、勝敗がつくゲームです。だから、試合をやるからにはぜひとも勝ちたい。勝利をめざして日々努力するというのは、スポーツならではのよさでもあります。

しかし、試合の直前や試合が始まってからは、勝利という「未来の結果」を意識することは、パフォーマンスを発揮する上で大きなマイナスになります。

特に「勝利」や「お金」という報酬にばかり意識が向くと、実力が発揮できなくなることが、心理学の研究で示されています。

これに関して、行動科学のさまざまな実験に用いられる「ろうそく問題」を活用した実験が参考になります。発案したのは心理学者のカール・ドンカーで、ろうそくと画びょうの入った箱とマッチをテーブルの上に置き、「テーブル上にろうそくのろうが垂れないように、ろうそくを壁につける方法を考えてほしい」という課題を被験者に与え、答えにたどり着くまでの時間を測定する、というものです(ダニエル・ピンク著『モチベーション3・0』で詳しく紹介されています)。

答えは、箱から画びょうをすべて取り出し、空になった箱を画びょうで壁に取り付け、その上にろうそくをセットして火をつける――なのですが、画びょうの箱を単なる「入れ物」と思い込んでいると、それを活用することになかなか気づきません。つまり、解決に創造力を要する課題なのです。

心理学者のサム・グラックスバーグは、この「ろうそく問題」を活用し、被験者を「早く解けた人にお金を与える報酬グループ」と、「無報酬グループ」の二つに分けて、正解するまでの時間を比較しました。すると、無報酬グループのほうが、報酬グループよりも、早く問題を解くことができました。その理由は、報酬を提示されると、思考中に頭の中に報酬がちらついて、脳の創造性を発揮する部分(前頭前野)の働きが妨げられるためと考えられています。

簡単に言えば「お金に目がくらんで視野が狭くなる」ということです。

その後、これと似たような実験が数多く実施されましたが、いずれも、報酬の提示はパフォーマンスを妨げることがわかっています。

実は、報酬の提示が、パフォーマンスを高める場合もあります。それは、取り組むことがシンプルで、創造性発揮の余地があまりないケースです。先ほど紹介した「ろうそく問題」で、箱から画びょうを出した状態で被験者に課題を与えたところ、報酬を提示したほうが、早く問題を解決できたそうです。報酬がパフォーマンスを高めるインセンティブになったわけですが、スポーツでもビジネスでもいまの時代、創造性や工夫を必要としない状況は、あまり想定できません。

つまり、例外はあるけれども、ほとんどの場合、「未来」の報酬（勝利やお金）に対する意識が強くなるほど、「現在」のパフォーマンスが落ちる、ということが科学的にわかっています。

これと同様に、すでに第4章でも触れましたが、「もっと練習（準備）しておけばよかった」などと「過去」にとらわれることも、「現在」のパフォーマンスを低下させる原因になります。

フローに入るための鉄則❻

「楽しさ」を活動の中心に置く

最も大事なのは、「現在」を100%楽しむことです。

私のような昭和世代からすると、「楽しむ」という言葉には、少し生ぬるい印象がありました。スポーツ、あるいはビジネスなどの真剣勝負の場に、「楽しむ」という概念を持ち込むのは、はばかられるという感覚です。

しかし、こうした感覚はもはや古いと言えるでしょう。

米コンサルティング大手マッキンゼーで長年、企業の経営指導に取り組み、特にモチベーションについて研究してきたニール・ドシとリンゼイ・マクレガーは、数百社をリサーチした結果、「人はなぜ働くのか」、その動機は何なのかという最も根源的な問いへの答えを出しました。

人が最もやる気になるのは、行為そのものに「楽しさ（Play）」を感じる時です。「楽しさ」が動機であれば、仕事でも、減量でも、成功する確率が高まります。なぜなら、人間は元来、学ぶことや適応することが好きな動物で、誰もが無意識のうちに楽しむ機会を探そうとしています。よって、その環境を整えてあげれば、高いパフォーマンスを発揮できる確率が高まるからです。

「楽しさ」の次に強い動機となるのが「目的（Purpose）」です。たとえば、ラグビーの練習自体は楽しくないかもしれませんが、自分の目標を自らしっかり定め、「それを達成したい」と思って練習する時、モチベーションが高まります。

三つ目の動機が「可能性（Potential）」です。行動の直接の結果ではなく、2次的な結果が、自分の目的や価値観と一致する時にやる気が生じます。たとえば、インターンで働くことがこれに当たります。インターンの仕事自体はそれほど楽しくないけれども、業界のことがなんとなくわかり、その経験がいつか役立つかもしれないと考え、仕事を続けているケースです。

ドシらは、この「楽しさ」「目的」「可能性」の三つを「直接的動機」と名づけています。自分の心の中から湧き上がり、行為そのものがモチベーションになる動機のことです。やる気の強さとしては、圧倒的に「楽しさ」が強く、「目的」と「可能性」はプラス効果をもたらしますが、「楽しさ」ほど強力ではありません。

フローに入るための鉄則❼

パフォーマンス向上の天敵、「間接的動機」を少なくする

ドシらは、やる気をアップさせる動機とともに、やる気を低下させる三つの動機「感情的圧力(Emotional Pressure)」「経済的圧力(Economic Pressure)」「惰性(Inertia)」を特定しています。この三つを「間接的動機」(外的な刺激による動機)と呼んでいます。

感情的圧力とは、相手や周囲にどう思われるかを動機とするものです。失敗して恥をかきたくないから、あるいは、親や上司からの期待があるから行動する場合も、感情的圧力が動機になっています。感情的圧力が動機の場合、パフォーマンスは高まりません。俗に「プレッシャーにつぶされる」といわれる状況は、感情的圧力が原因と考えてよいでしょう。

しかし、感情的圧力よりも、さらにパフォーマンスを引き下げる動機が二つあります。それは、「経済的圧力」と「惰性」という間接的動機です。

経済的圧力とは、報酬を得る、あるいは逆に解雇などの罰(ラグビー部を例に取れ

ば、レギュラーから下ろされること）を逃れることが動機となっている場合です。先ほどの「ろうそく問題」の実験でも、報酬の提示によってパフォーマンスが下がることが示されましたが、ドシたちも同じ結論に達しました。

経済的圧力よりも、さらにパフォーマンスを引き下げる動機が「惰性」です。ドシたちによると、企業に勤めている社員の多くは、これといった理由もなく、いまの仕事を続けていることが調査でわかったそうです。

これは、非常に恐ろしいことです。

なんとなく大学に行く、やりたいことが特にないからいまの仕事をなんとなく続けるというのは、パフォーマンスを最も発揮しにくい状態だからです。大学でも企業でも、組織のメンバーに覇気がない、活力がなく生産性が低いという場合には、その組織の文化が惰性によって蝕まれている可能性があります。

しかも、惰性というのは強力な伝染病のようなもので、本人だけでなく、周りのパフォーマンスにも悪影響が広がっていくと私は考えています。

帝京大学ラグビー部は大学選手権を9連覇中ですが、最大の脅威と警戒しているのは、ライバルチームというよりも、自分たちのチーム内で「惰性」が生じることです。その予兆を摘み取っていくことが、監督である自分の役割と肝に銘じています。

KEY TAKEAWAYS
第5章の重要ポイント

□フローに入る練習を平常時に積み重ねておく

大事な場面というのは不安やプレッシャーに襲われやすく、そうした状況でフローに入るためには、普段の生活や仕事、練習時などの平常時に、本書で紹介した「七つの鉄則」を踏まえて、フローに入るスキルを磨いておくことが欠かせない。その七つとは、①明確な目標を定め、心理的エネルギーを集中させる、②あらゆることに成長マインドセットで取り組む、③いまのレベルより「ちょっと上」にチャレンジする、④即座のフィードバックがある、⑤大事なのは「未来」や「過去」ではなく「現在」、⑥「楽しさ」を活動の中心に置く、⑦パフォーマンス向上の天敵、「間接的動機」を少なくする。

□直接的動機を最大に、間接的動機を最小にする

組織のリーダーは、メンバーが直接的動機(「楽しさ」「目的」「可能性」)を最大限感じるように環境をお膳立てする一方で、間接的動機(「感情的圧力」「経済的圧力」「惰性」)を最小化する努力を日々、続けなければならない。これが、メンバーがフローに入りやすい環境づくりにもつながる。

長に悪影響を及ぼすとし、努力のプロセスに対して「勇気づける」ことを推奨しています。リーダーとしては、組織メンバーの自己決定感と有能感の欲求をくすぐることが肝心です。

アンダーマイニング効果

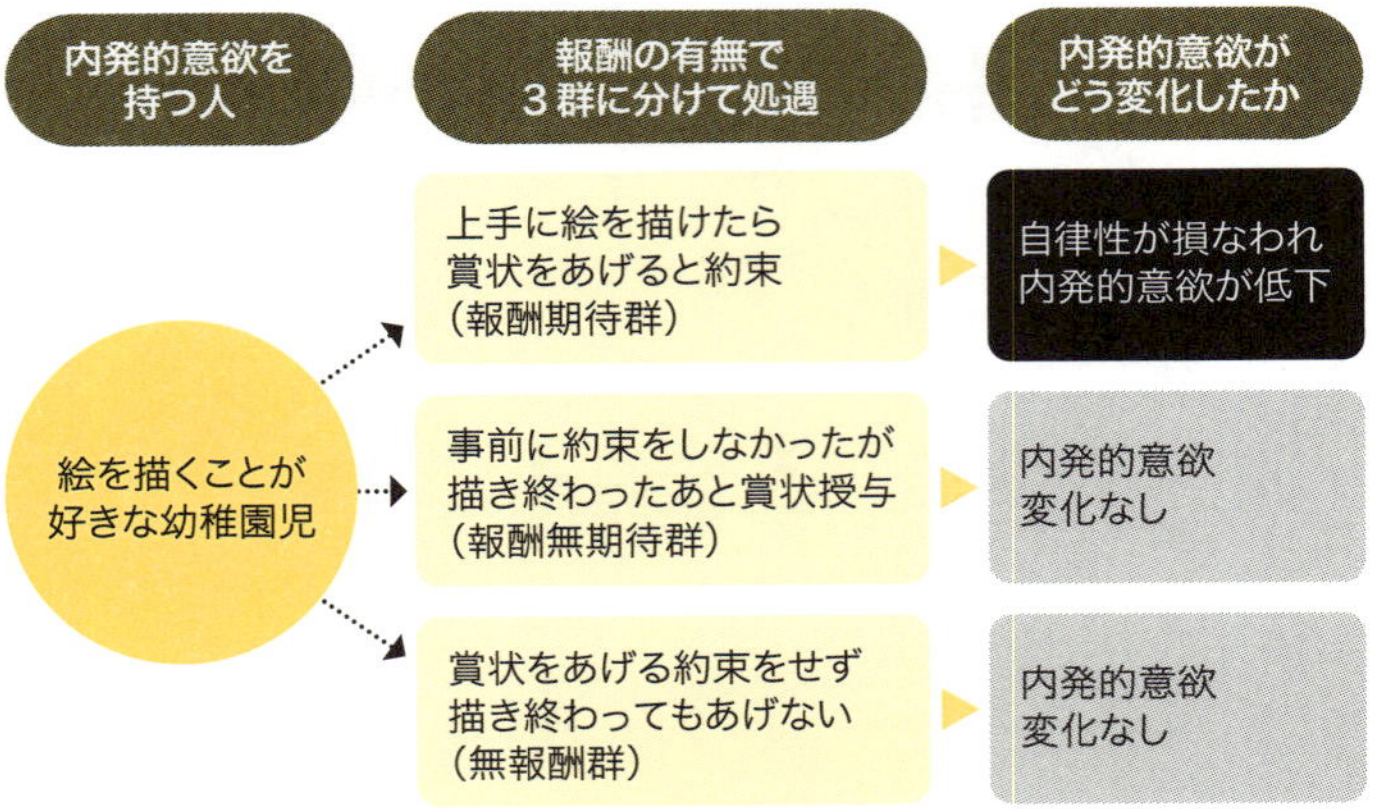

注）マーク・レッパーとデビッド・グリーンの1974年の実験を図示した

参考資料：Lepper M.P.& Greene,D.& Nisbett R.E.;Undermining children's Intrinsic interest with extrinsic reward: A test of the "overjustification" hypothesis.JPSP,1973,28,129-137.

岩出教授の
「勝利を引き寄せる」
心理学講座

|07|

アンダーマイニング効果

「ほめて伸ばす」のウソとホント

本人が好きで始めたことに対して外的な報酬を与えると、内発的動機づけが損なわれることがよくあります。これはアンダーマイニング効果と呼ばれ、それを検証したレッパーとグリーンの研究が、よく知られています（図参照）。自発的に勉強していた子どもに対して、「次のテストでいい点を取ったらおもちゃを買ってあげる」と言って励ますと、おもちゃのような報酬が期待できないと勉強しなくなります。これは、事前に報酬が提示されることによって、自発的に始めたことが、外発的な報酬のための「仕事」に変わってしまったためです。

報酬だけでなく、罪の脅威、締め切り設定、監視、競争、評価といった外的な要因もアンダーマイニング効果をもたらします。

ほめ言葉などの言語による報酬は、やり方によって、アンダーマイニング効果を起こす場合と、逆に内発的動機を高める場合（エンハンシング効果と言います）があります。アンダーマイニング効果が出やすいのは、「結果」をほめる場合、内発的動機を高めるのは「努力のプロセス」をほめる場合です。結果をほめると、行動の目的が「あの人にほめられたいから（報酬への期待）」となり、内発的動機が低下します。

アドラー心理学でも、結果をほめること（叱ることも）は人の成す。他の二つに比べると動機は弱いとされています。

「目的」や「可能性」から一歩踏み込んで、「楽しさ」をいかに増やすことができるかが、組織のパフォーマンスを飛躍的に高める鍵を握っています。つまり、究極のモチベーション源である「楽しさ」を増やすことは、常勝集団のリーダーに求められる欠かせない役割の一つです。

直接的動機の3要素

	概要	強さ
楽しさ	活動そのものから楽しさを感じるとき。 活動自体が報酬となり、最も強力なモチベーションとなる	◎
目的	活動が生み出す結果に価値が感じられるとき。 活動自体は楽しくなくてもモチベーションになる	○
可能性	活動そのものの結果ではなく、二次的な結果に 価値が感じられるとき	△

参考資料：『マッキンゼー流 最高の社風のつくり方』（ニール・ドシ、リンゼイ・マクレガー著、野中香方子訳、日経BP社）

岩出教授の
「勝利を引き寄せる」
心理学講座

08
直接的動機

「楽しさ」「目的」「可能性」を増やす

モチベーションについて長年研究してきたニール・ドシとリンゼイ・マクレガーは、自己決定理論を発展させ、パフォーマンスを高める動機を「直接的動機」、低める動機を「間接的動機」として、企業を対象にリサーチを行い、それらが企業文化や社風形成の基礎となっていることを示しました。「直接的動機」の基本要素は「楽しさ」「目的」「可能性」、「間接的動機」の基本要素は「感情的圧力」「経済的圧力」「惰性」です。ここでは「直接的動機」の基本要素について見ていきましょう。

やる気を高めるのに「楽しさ」ほど強い動機はありません。人間は本来、学び、適応することが好きなので、活動自体が楽しければそれ自体が報酬となり、最も直接的で最も強い動機になります。

「目的」は、活動そのものよりも、それがもたらす結果に価値が感じられる場合の動機です。我々の活動で言えば、全国大学ラグビー選手権優勝が、動機としての「目的」です。「目的」をモチベーションとしている組織は数多いと思います。

「可能性」は、活動の二次的な結果が目的になる場合です。たとえば、いずれIT業界で起業するという可能性に惹かれ、その会社で何かを成し遂げたい（一次的な目的がある）わけではないが、IT業界の経験を積めるので就職する、といったケースが当てはまりま

「トップは組織の方向性を示し、
惰性を跳ね返すために変わり続けなければならない」

第6章

最強のコアコンピタンス 組織文化のつくり方

これまで述べてきたように、私は大学の4年間を通じて、学生が社会に出てから自律的に成長できるようにするための基盤をつくることを、ラグビー部の活動目標にしています。

前章で解説したフローに入る技術は、「自律的成長のための基盤」の柱ですが、もう一つ、重要な柱があります。それが、組織としての力を100%発揮するための組織文化づくりです。この組織文化が、帝京大学ラグビー部のコアコンピタンス（真の強み、競争力の芯）になっています。

リーダーシップの三つの条件

一人ひとりが優秀でも、その組織にチームワークがなければ、個々の力を十分に引き出すことはできません。

人間は一人では生きていけません。家族、ご近所のコミュニティー、会社や大学（あるいはラグビー部やサークル）などの組織・団体、市町村、国など、何らかの共同体に属し、そこから恩恵を得たり、その共同体のために貢献したりしています。

ある一つの共同体を考えてみましょう。その共同体のメンバーが自分の利益のことしか頭になく（アドラー心理学でいう「私的感覚」）、勝手に振る舞っていたら、その共同体はばらばらで無秩序な状態になってしまいます。これでは、ビジネスでもスポーツでも戦える状態ではありません。当たり前のことを言っているのですが、実際には、このようなカオス状態となっている企業の組織やスポーツのチームなどが少なからずあると感じています。

自分にとってのメリットばかりを追い続けるのではなく、

リーダーシップの三つの条件

① 他人の思いや感情に共感できる人間
② 自分が他者に支えられていることを実感し、それに感謝できる人間
③ 自分も他者に貢献したいと自然に思えるような人間

になってほしい、というのが私の願いです。

この三つは、リーダーシップの条件でもあります。

共感力を身につける

共感力というのは、簡単に身につくものではありません。人生の中でさまざまな経験や楽しさ、苦労を積み重ねた結果、醸成され身につくものです。しかし、共感力が大事であることは、知っておく必要があります。

共感力は他人を動かします。相手は「自分のことをよくわかってくれている」と思うから信用し、行動をともにしてくれるようになります。つまり、共感が周囲の自律を生み出すわけです。

共感の真反対に当たるのが「強制」です。他人に感情移入することなく、「○○せよ」と押し付け、従わせること。昔の体育会系の上下関係が、まさに「強制」です。自分たちが選手だった時代は、それが当たり前のことだと思っていたので、特に疑問を感じることもなく日々を送っていましたが、いまの時代は、そうはいきません。平成世代は、他人からの「強制」には敏感で、拒絶反応を示します。

第1章で紹介したように、帝京大学ラグビー部は、旧来の体育会系組織ではなく、

「脱・体育会」をめざし、いまではそれが定着しています。

脱・体育会系組織のよさは、上下関係の「強制」や「圧力」を小さくすることができた点です。共感力を身につける環境として、脱・体育会系組織が有効に機能しているのではないかと考えています。

横の人間関係をつくる

アドラー心理学でも、「縦の人間関係」を精神的な健康を損なう最も大きな要因とし、「横の人間関係」を推奨しています。上司と部下、親と子、教師と生徒という関係であっても（ラグビー部で言えば、上級生と下級生、レギュラーの選手と補欠の選手であっても）、それぞれの役割が違うだけで対等の関係にあるべきだと、アドラーは主張しました（「同じ」という意味ではありません。大人と子どもであれば責任を取れる範囲も経験も知識の量も違う。しかし、どちらが偉いというわけではない。優劣の関係では「対等」だという意味です）。

アドラー心理学では、「ほめる」のはよくないとされています。それは、ほめるという行為自体が、能力が「上」の人が、「下」の人を評価する人間関係になっているからです。また、ある行動をほめられた人は、行動の目的が、「自分のしたいこと」から「他人からほめられること」に変わってしまいます。その結果、自分を大きく見せようとしたり、欠点を隠そうとしたり、地道な努力を放棄してすぐに結果が出ることばかりに取り組もうとしたり、揚げ句の果てには、人の足を引っ張って自分だけが這い上がろうとします。これでは、チームワークは機能しません。

縦の人間関係の行き着くところは、いす取りゲームのような競争、足の引っ張り合い、ギスギスした人間関係、少数の勝者と多数の落ちこぼれの発生、そして組織の活力低下です。

残念ながら多くの企業や組織は、いす取りゲームのような競争を奨励し、それがパフォーマンスを高めるために必要なことだとトップが思い込んでいます。そうしたトップのいる組織では、活力が低下し、部署間の対立、足の引っ張り合い、不正の横行などの危険性が非常に高いと思います。

「尊敬のジャージー」を着る

帝京大学ラグビー部の部員約140人の中で、1軍であるAチームの赤いジャージー（ファースト・ジャージー）を着ることができるのは、たった23人しかいません。だからこそ、縦ではなく、横の関係を重視することが重要になってきます。

ラグビー部に入ったからには、いつかAチームで試合に出たいと、誰もが思っているのは間違いありません。しかし、Aチームに選ばれないからといって、その人の価値が下がるわけではありません。単に、役割が異なるだけです。

Aチームに入れなくても、BチームやCチームで練習に励みつつ、チームの運営や下級生へのサポートなど、**組織のために何らかの形で貢献し、その行動がみんなから称賛される風土・文化をつくっていくことが、リーダーの役割**だと私は考えます。

普段の生活の中で、嫌なことや面倒くさいことを率先してできる人間になろう、そういう部員には、「尊敬のジャージー」を着せてあげようと言っています。Aチームのジャージーは23人しか着られないけれど、「尊敬のジャージー」は誰でも着ることができます。ただし、自分で着るものではなく、仲間たちに尊敬され、認められて、着させてもらえるものです。卒業までに一人でも多くの部員に「尊敬のジャージー」を身にまとってほしいと願っています。

「奪う人」から「与える人」へ

少し前から、学校や病院などに対して、自己中心的かつ理不尽な要求をしてスタッフを困らせるモンスターペアレントやモンスターペイシェントが社会問題化しています。アドラー心理学で言えば、こういう人たちは「私的感覚」のみで動いており、「共同体感覚（コモンセンス）」が欠落しています。

つまり、自分の属する共同体から「奪う」ことばかり考え、「与える（貢献する）」という発想はほとんどないわけです。この「与える」という感覚を身につけることこそ、あらゆる組織の中でうまくやっていける秘訣であり、自分とその周辺の人たちを幸せにする秘訣でもあります。

もちろん、その感覚が一番求められるのは、組織のリーダーです。不幸にして、リーダーが「奪う」ことしか考えていない人間だと、メンバーが組織に何らかの貢献をしたとしても、それがリーダーに利用されるだけに終わってしまい、そのうちにメンバーは誰も「組織に貢献しよう（与えよう）」とはしなくなります。

自分の過去を振り返ってみると、ラグビー部監督に就任した当初、チームの中で一番勝ちたいと思っていたのは自分だったかもしれない、という話を第1章でしました。当時は未熟で、監督である私が、勝つことで周囲から認められたいという欲求が、まだ少し残っていました。

しかし、学生たちに「勝たせてやりたい」「関わる人すべてを幸せにしたい」と本気で思うようになってから、勝てるようになりました。自分の承認欲求のためではなく、学生の成長のために自分が何をできるかという発想で物事を考えるようになって、勝利の女神が微笑んでくれるようになったのです。

『GIVE & TAKE「与える人」こそ成功する時代』（三笠書房）の著者でペンシルバニア大学ウォートン校の組織心理学者アダム・グラントは、人間には、与えることと受け取ることの関係において、ギバー（惜しみなく与える人）、テイカー（自分の利益を最優先に考えて奪う人）、マッチャー（「与える」と「奪う」のバランス型）の三つのタイプが存在し、いまの時代に最も成功しやすいのはギバーであることを多くの実例から示しています。

経験の蓄積が「与える喜び」を覚醒させる

すでに本書でも触れていますが、学生にも「与える喜び」に目覚めてほしいという思いから、ラグビー部では、1年生の雑務を徐々に4年生に移していきました。

さらに、近隣の清掃活動や幼稚園児向けラグビー教室の開催などのボランティア活動を通じて、「与える」経験を積む機会もつくっています。こうした機会をつくることで、下級生は少しずつ気づきを得ていきます。

「与える喜び」は、「授かる喜び」を経験し、授けてもらった人に尊敬の念を抱き、「自分もいつかそういう人になりたい」というマインドセットになった時、その人の成長ボタンが押されます。

「授かる喜び」を得たり、先輩たちの行動を見たり、感謝を感じたりすると、後輩たちの「自分の成長口座」には、貯金をするかのように経験値が蓄積していきます。この経験値が一定値を超えると、「与える喜び」を感じられるようになるのです。

だからこそ、組織のリーダーのマインドセットや、ロールモデルとなる上級生（企業で言えば、トップやリーダー）の意識や言動が非常に大切です。

帝京大学ラグビー部では、前年を少しでも超えることが伝統的に活動目標となっています。そのため、グラウンド内でもグラウンド外でも、最上級生である4年生は、自分たちが高い基準になろうという気持ちを持って行動してくれています。

組織文化はトップがつくりあげるもの

組織文化は、そこに属している一人ひとりが毎日実践している行動やマインドセット、価値観の積み重ねで形づくられていくものです。組織に新しく入ってきたメンバーは、組織の中で行動していくうちに、組織文化の影響を受けて、同じような価値観を共有するようになると同時に、文化の担い手になっていきます。

しかし、**組織文化の骨組み（フレームワーク）は、トップがつくっていく人工物であり、自然にできていくものではありません。**文化（Culture）の語源はラテン語のcolere（意味は「耕す」）です。つまり、自然な状態の土を耕して、文化が生まれるわけです。土をどのように耕していくかを決めるのが、まさにリーダーの役割です。強い意志を持ってしっかり耕してふかふかの土にすれば、組織のメンバーはすくすくと育つが、文化は自然にできていくものと軽視して、耕す作業をおろそかにしていると、土壌が固くなり育ちが悪くなります。

そして、**文化に、トップの意志を明確に反映させていく必要があります。**

なぜなら、組織のメンバーは、組織のトップの考えや価値観を忖度《そんたく》して、それにできるだけ応えようとして行動するからです。よって、組織や人を自在に動かそうと思ったら、単に具体的な命令を下すのではなく、遠回りであっても、トップの考えを文化に落とし込んでいくことが、メンバーに対して最も強力に働きかけることになります。

成長マインドセットを文化に組み込む

私が帝京大学ラグビー部の組織文化に植えつけようとして、懸命に耕してきたのは本書に何度か登場してきた「成長マインドセット」です。成長マインドセットをおさらいすると、現在の能力は低くても、目標を持って努力を続ければいくらでも伸ばすことができる、という考え方のことです。

成長マインドセットの対極にあるのが「固定マインドセット」（才能の有無は生まれつき決まっているもので、努力は無駄という考え方）です。成長マインドセットの人は、現在の自分の能力をほぼ正確に把握できているので、目標と現状にどれくらい隔たりがあるのかを把握できます。一方、固定マインドセットの人は、自分の能力を過大、あるいは過小に評価し、失敗をできるだけ避けようとします。成長マインドセットの人は、失敗も成功のチャンスと捉えるので、失敗を恐れることなく挑戦しようとします。

つまり、マインドセットを変えるだけで、毎日の行動がまったく変わってしまうわけです。

成長マインドセットは、「今日から『成長マインドセットを持つように』」とメンバーに指示命令を出せば身につくものではありません。成長マインドセットを持ってもらうためのポイントは三つあります。

まずは、**トップの率先垂範が絶対条件です。**常に、成長マインドセットで物事を捉え、行動するように普段から心がけること。繰り返しますが、メンバーはトップの言動をよく観察していて、期待に沿えるように無意識のうちに忖度して行動しています。そのため、**トップの一挙手一投足というのは、トップ本人が思っている以上に、組織文化に重大な影響を与えていきます。**

私の場合、毎年、自分なりに新しいテーマを見つけて、その実現に向けて挑戦しています。挑戦のテーマは、ラグビーで勝つことではありません。約140人の部員全員と、活動に関わるスタッフたちをもっと成長させるにはどうしたらいいかに関してです。勝ち負けをあまり強く意識しすぎると、かえって「固定マインドセット」を増幅させることになりかねません。

組織文化の大敵は惰性

我々のチームは、ありがたいことに9連覇を続けています。連覇をあまりに意識しすぎると、「連覇が途切れたらどうしよう」という不安が頭をもたげてしまい、新しいことにチャレンジせず、前年と同じことを繰り返そうという雰囲気になってしまいます。

「去年勝てたのだから、今年もそれを繰り返せばいいじゃないか」

一見、これは合理的な発想に思えますが、事実は逆です。**この発想をした瞬間から、チームの弱体化が始まります。**

組織文化の大敵は「惰性」です。前述したように「惰性」はモチベーションを低下させる最強の力を持っており、リーダーは常に「惰性」の芽が出ていないか、組織の隅々まで目を光らせている必要があります。

私が心がけているのは、常に新しいチャレンジです。去年の実力が100であったなら、今年は去年を上回る110以上をめざす。100を110にするには、同じことを繰り返しても無理で、何か新しいことに挑戦しないといけない。

仮に、**新しい挑戦が何らかの理由で失敗して、実力が110にはならず95と前年を下回っても仕方ないと思っています。リーダーにはこの覚悟が必要です。失敗を恐れて守りに入るよりも、挑戦して失敗したほうが、組織の文化やモチベーションに与えるダメージはほとんどありません。**

2017年度の私が掲げた挑戦テーマは、「常に楽しく」でした。

前にも触れたように、モチベーションが最大になるのは、活動自体に「楽しさ」を感じている時です。フロー状態にも入りやすく、実力を最大限発揮できるチャンスが広がります。試合の時だけフロー状態に入ることをめざすのではなく、普段の練習やミーティングをしている時でも、「楽しさ」を追求できないだろうか、と私は考えました。普段から「楽しむくせ」をつけておけば、大事な試合や仕事の場面でも、楽しんでかつ実力を100％発揮できるようになるはずです。

きっかけは主将インタビュー

この挑戦テーマを思いついたのには、いくつかのきっかけがあります。

2014年度に大学選手権の決勝戦で筑波大学を下し、6連覇した時、当時の主将だった流大（ながれ・ゆたか）君は、試合後のインタビューで次のように語りました。

「本当にここまで大学関係者、ラグビースタッフ、ファンの皆さま、仲間に支えられてきました。今日試合に出ていないメンバーを笑顔にできたことを本当に幸せに思います。まず筑波大学さんが80分間あきらめずに戦ってくれたことに敬意を表します。しかし、そこに真っ向勝負を挑んで戦った仲間を誇りに思います。この1年間、楽しい事ばかりではなくつらいこともありましたが、142人の仲間で乗り越えてきました。キャプテンとしてまだまだな部分もあったんですが、全員が支えてくれていいチームになりました」

当時、このインタビューを聞いて、私はとても感動しました。「よくぞ、人間的にもここまで成長した」と手放しで喜びました。

まず、仲間への感謝と試合に出ていないメンバーへの心配り、対戦相手への敬意と賛辞、謙虚な姿勢――。主将の優勝インタビューとしては100点満点で完璧な内容だと最近まで思っていました。

しかし、2015年度、2016年度とさらに連覇し、決勝戦後、主将のインタビューを聞いているうちに、あるフレーズに少し引っかかるようになりました。

2015年度主将の坂手淳史君も2016年度主将の亀井亮依君も、とても素晴らしいスピーチをしたのですが、2014年度の流主将も含めて、三人とも「楽しいことばかりではなくつらいこともあった」というニュアンスのことを言いました。

それを聞いて、私は2017年度の挑戦テーマを決めました。

「2017年度の主将インタビューでは、『今シーズンは楽しいことばかりでした』

と言ってもらえるようにしよう」と（結果は、「プロローグ」に書きました）。

主将として活動していれば、当然、責任は重く、大変なことも多いと思います。また、主将以外のメンバーであっても、練習やトレーニング、体重を増やすことにきつさを感じることもあるはずです。

活動の100％を「楽しさ」で覆い尽くすことはできないかもしれないが、従来よりも大幅に「楽しさ」の比重を増やせば、4年間の活動を終えた後に、学生たちが楽しさをベースにした充実感に包まれているのではないか。これが、私のチャレンジテーマでした。

「楽しさ」というのは、テレビのお笑い番組を見て楽しいと感じることではなく、**自分の主体的な行動や活動自体から、楽しさ、充実感、没入感、一体感などを、活動をともにする仲間とともに感じること**です。

課題となるのは、つらい練習やトレーニング、ケガでのリハビリ、人間関係のごたごたが起きた時も、「楽しさ」や「充実感」や「好奇心」などのポジティブなマインドセットでいられるかどうか。つまり、困難な事態に直面した時に、成長マインドセットでいられるかどうかです。

ケガのリハビリ期間にリーダーの研鑽を積む

ラグビーではケガがつきものです。ですから、「ケガをしそうな危険なプレーはするなよ」「危険だと思ったらボールを離せ、すぐにその場を離れろ」、と言っています。「死ぬ気でぶつかっていけ」と指導する方もいますが、私の指導方針はまったく逆です。

それでも試合になれば、選手の脳内にアドレナリンが充満して、臆さずにぶつかっていくので、ケガをする選手が必ず出てきます。

ケガをして長期間離脱することになれば、精神的に落ち込みます。時間は元に戻せない。練習にも参加できない。しかし、体が使えない分、頭は使えるし、時間も十分にあります。

前述のように、ラグビー部では、3年生が4年生になる前に、数名の学生コーチを決め、そのあとに主将を自分たちで選出します。学生コーチは、監督やコーチの分身となる重要な役割を担っていて、中には選手をあきらめて、コーチ専任となる場合もあります。2017年度に学生コーチを務めた岡田優輝君は、2年生の時からAチームで試合に出場していましたが、その頃からケガが比較的多く、3年生の時に大ケガをして約1年間、試合に出られない状況が続きました。

しかし、彼は懸命にリハビリを続けながら、チームの運営や下級生の指導に尽力してメンバーの信用を勝ち取り、4年生になってからは、学生コーチに選ばれました。

そして、2017年秋から始まった関東大学対抗戦では、人間的に大きく成長してAチームに復帰し、チームを牽引するリーダーの一人として活躍しました。彼はメンバーから「試合で最も活躍してほしい選手」と言われるほど人望が厚く、実際、クロスゲームとなった2017年度の大学選手権決勝（対明治大学）で後半、逆転のトライを決めてくれました。逆境で力を発揮できたのは、リハビリ期間の経験と学びがあってこそだと思います。

逆境時のマインドセット

- □どんなことからも必ず学びがある
- □成長の機会はどこにでもある

こう信じて生活を送っていると、目に入ってきたり、耳から聞こえてきたりする情報が、まったく違うものとして捉えられるようになります。

私は「無知の知」という言葉が好きです。還暦を前にして、ラグビーも、人間についても知らないことばかり。自分は「何も知らない」ということをよくわかっています。だから、いろいろな人との出会いや書籍などを通じて、毎回、未知の新しい情報や知恵に接し、学ばせてもらっています。共感したり、直感的に「いいな」と思ったことは、「自分たちの組織にも応用できるか」「学生たちの反応はどうか」など細かい部分まで仮説・検証を繰り返し、自分の中で納得できたら、すぐに行動に移します。

欠点を指摘されるとわくわくする

米マイクロソフトのCEOのサティア・ナデラ氏は、「私は、自分の欠点を知るとわくわくする。それを指摘してくれた人から、知恵をプレゼントされたような気になる」と自著の中で述べています。欠点を指摘されて落ち込む人や反発する人が多い中で、ネガティブな状況をポジティブに変える成長マインドセットのよい例だと私は思います。

また、イチロー選手も「スランプの時こそ絶好調が現れる」と言っています（『天才・イチロー　逆境を超える「言葉」』（児玉光雄著、イースト・プレス））。好調時には学ぶものはあまりないが、スランプの時にはいつも以上に集中力が高まり、自分の力以上のものを出せる、というのは素晴らしいことです。

4打数無安打で5回目の打席が回ってきた時、「あと1回チャンスがある」と思うのか、それとも「無安打に終わったらどうしよう」と不安になるのかで、結果が大きく違ってきます。

「あと1回チャンスがある」との考えは「現在」にフォーカスがあり、集中力が高まります。しかし、「5打数無安打に終わったらどうしよう」は「未来の結果」にフォーカスが当てられ、最も大事な「現在」に対する心理的エネルギーがそがれてしまいます。「未来」に思いをはせて不安になるよりも、目の前の「現在」にフォーカスして集中力を高めるほうが、明らかに結果につながります。まずは、「現在に集中する」ことの利点をよく理解することが大切です。

重要なのは、状況をどのようにとらえるのか。欠点を指摘されることも、スランプに陥ることも、ごく普通の人にとっては、とても嫌なことです。しかし、視点を変えてみると、そうした**困難は、実力のステージを一段上げるための絶好の機会であり、**

そのことに感謝できるようになれば、つらさは楽しさやわくわく感に変わるのではないでしょうか。

実力というのは、右肩上がりで一直線に伸びるものではなく、上がっては踊り場を迎え、それを乗り越えるとまた上がることを繰り返していきます。ですから、成長マインドセットを持っていないと、踊り場を迎えた段階で挑戦をやめてしまい、それ以上、実力が伸びません。

困難を乗り越える力、セルフエフィカシー

目の前の課題の難易度が同じであっても、それに対する反応は人によって違います。たとえやったことがない課題でも「なんとかできそうだ」「やってやれないことはない」と思うのか、不安でいっぱいになり「たぶん自分には無理だろう」「できれば避けたい」「我慢して時間が過ぎるのを待とう」と思うのか。

目の前の課題にどう取り組むかのスタンスにおいて、これまで触れてきた成長マインドセットが必要なのは言うまでもありません。さらに、成長マインドセットと密接

に結びついている自己効力感（セルフエフィカシー）も、何かを成し遂げるのに重要な要素です。

ある状況を前に、人間は、それをどの程度うまく遂行できそうかという予測を立てます。「できそうだ」と自分を信頼する感覚のことを、セルフエフィカシーと呼びます。セルフエフィカシーはカナダ人の心理学者、アルバート・バンデューラが提唱したものです。

セルフエフィカシーが高いほど、困難を乗り越えられる確率は高まります。この感覚は、自身の達成経験、代理経験（他人の経験の観察）、言語的説得（言葉による励まし）、生理的情緒的高揚（飲酒・薬物などの利用）、想像的体験（成功した状態を思い描く）の五つから生み出されるとされ、この中で最も強力なのは自分自身の過去の達成経験です。

セルフエフィカシーを高める二つの方法

ラグビーの場合、試合前にあの手この手を使って、選手の士気を高め、ある種の興奮状態にして送り出すチームもあります。このやり方は、一時的に効果があるものの、残念ながら持続力がありません。ある時点で興奮状態が冷めると、魔法が解けたように総崩れ状態になることもあります。

大事な試合の前、あるいは大事な取引やプロジェクトを発進させる前だけ、急にセルフエフィカシーを高めようと思っても、そう都合よくはいきません。

では、セルフエフィカシーを育成するには、どうしたらいいか。

まずは、セルフエフィカシーを育てる前に、「自己受容」と「自己肯定感」が欠かせません。自己受容とは、いまのありのままの自分と向き合い、いいところも悪いところも含めて受け入れること、自己肯定感とは自分の価値や存在意義を認める感情のことです。他人との比較で「自分はだめな人間だ」と思い詰めている若者が意外に多くいます。自己を過小にも過大にも評価せず、現在の自分とフラットな状態で向き合い、自分の存在を認めることができれば、それが他者信頼や他者貢献にもつながります。自己受容や自己肯定感の低い人は、人を信頼することができず、人からも信頼されません。

そのうえで、セルフエフィカシーを高めるには、次の二つが重要です。一つ目は、**十分な時間をとって入念かつ計画的に準備すること。**これはセルフエフィカシーうんぬん以前の問題かもしれません。二つ目は、**普段の活動から、小さな経験を積み重ねることです。**

準備というのは、わかっていても、なかなか完璧にはできないものです。特に、本番が1年先という場合には、時期が迫ってこないとなかなか本気にはなれない。だからこそ、計画的にしっかり準備すれば大きな差がつきます。当たり前のことをしっかり行うことも、常勝集団になるための必須要件です。

帝京大学ラグビー部の場合、大学選手権決勝が行われる1月上旬に照準を合わせ、そこに向けて技術、戦術、体づくり、体調、メンタル、チームワークをどれだけ伸ばしていくか、それぞれ目標を定め、さらに、日程から逆算して、どの時期にどれだけのレベルまで達成するかの小目標も決め、計画を確実に実行に移しています。

新入生が入ってくる3月末から6月にかけては、脱落者を出さないためにも、比較的ゆっくりとしたペースで、主に自分自身に関しての準備をします。そして7月から徐々にペースを上げ、8月の夏合宿で8割くらい仕上げ、それ以降は、試合を通じて調整を行い、翌年1月にピークをもっていくというイメージです。

二つ目の経験の積み重ねというのは、誰かに言われて経験を強制されるのではなく、自分の意思で経験を重ねることが大切です。そのためにも、クラブ活動におけるさまざまな権限を大胆に学生に委譲し、組織のビジョンや方針に沿っているのであれば、あとは学生たちの意思決定に基本的に任せています。

いまどきの若者に権限委譲するポイントは、当番をこなすという軽い感覚ではなく、任された人が本気でその任務に取り組むように、責任の重さを当事者が実感できる仕掛けをつくっていくことです。主将や学生コーチなど権限を与える人は学生たちが選びますが、選ばれた人には、たとえば、大勢の人の前でスピーチしてもらう機会を頻繁に設けたりして、緊張、失敗、羞恥心を一通り経験し、克服してもらいます。「約束したことは必ず実行する」というコミットメントの意識を植え付けることも重要です。このプロセスを通じて、上からの指示ではなく当事者として主体的に動く力、すなわち「オーナーシップ」が養われていきます。

帝京大学ラグビー部の場合、ありがたいことに9連覇を達成でき、部員たちは「勝利の経験」を積み重ねています。自己効力感で最も重要な達成経験を全員が持っているというのは、他大学と比べて非常に大きなアドバンテージになっているはずです。

一方で、連覇を続けることが組織文化に与えるデメリットもあります。

常勝集団が陥りやすい「固定マインドセット」

米マイクロソフトのCEOのサティア・ナデラ氏は、2014年にCEOに就任すると、ウィンドウズOSの圧倒的シェアに安住して守りに入っていた組織文化を変革し、マイクロソフトを再びIT業界のリーディングカンパニーに返り咲かせることに成功しつつあります。組織文化変革のキーワードになったのが「成長マインドセット」です。

マイクロソフトには、ウィンドウズやオフィスという圧倒的なシェアの製品があり、それを数年おきにバージョンアップすれば、顧客は文句を言いながらも買い換えるという、ある種、完璧なビジネスモデルがあったので、リスクのある新しい事業に乗り出さなくても、売り上げは十分に確保できました。

しかしそうした強いビジネスモデルがあるがゆえに、モバイルやクラウドといった新技術を使った製品やサービスへの本格進出が遅れ、グーグルやアマゾンに先行を許し、業績こそ悪くなかったものの、社内では、自社の将来に対して悲観的な見方が広がっていたそうです。

圧倒的な強者だからこそ、組織の内部には惰性や油断が生まれていく。おそらく、組織には、長年うまくいっている事業や活動があると、無意識のうちにそれを守ろうとする方向に動く本能があり、それによって組織文化も、リスクを避け、現状維持を是とする安定志向がより強まっていったと思われます。

マイクロソフトと帝京大学ラグビー部を重ね合わせるのは、おこがましいかもしれませんが、強者には惰性と油断が生じやすいという教訓にしたいと思っています。

「働く」には三つの意味がある

スポーツの練習や仕事における「楽しさ」をどう実現するかに関して参考になったのは、東京大学名誉教授の伊藤元重氏が2012年3月8日の日本経済新聞「経済教室」に寄稿した『『革新否定』では未来見えず」という記事です。

いま、政府の呼びかけにより、各企業で進められている「働き方改革」の議論にも、とても参考になると思います。

この記事で伊藤教授は、東日本大震災後の復興、中国の台頭、人口減少と超高齢化という難題を抱えている日本が、さらに成長するのは無理だと言われていることに疑問を投げかけ、量的拡大ではなく質的な拡大によって成長が可能という方向性を示したうえで、「仕事」の質について言及しています。

伊藤教授によると、「働く」という言葉には、「レイバー（産業革命以前の肉体を使った労働）」「ワーク（工場やオフィスでの仕事）」「**プレイ**（人間にしかできない、質の高い仕事）」という3種類のタイプがあり、産業革命によって「レイバー」の仕事が奪われ、いまはグローバル化や技術革新によって「ワーク」の仕事が減っており、人間にしかできない仕事「プレイ（担い手はプレイヤー）」を増やして、量的な成長から質的な成長への転換を図るべきという論旨です。ただし、「次世代の人材を育てないかぎりプレイヤーは増えないだろうし、プレイヤーが増えない限り日本の成長もない」と述べています。

記事は2012年のものですが、私がこの話を知ったのは比較的最近、つまり「楽しさ」を2017年の活動の軸に据えようと決め、情報収集を始めてからでした。

プレイ＝人間にしかできない質の高い仕事

これこそ、私たちがめざしていることのコアの部分を表していると感じました。

ラグビー部の活動に当てはめてみると、監督やコーチの指示通りに動くことは、「レイバー」や「ワーク」の世界であり、そこに楽しさを見いだすのは難しい。ラグビーは、労働とは違って機械に置き換えられるわけではないので、「レイバー」や「ワーク」はなくなりません。

しかし、「プレイ」の部分を増やすことはできます。「プレイ」の部分は何かというと、モチベーション3・0の世界であり、ミッション・コマンド型の世界です。

そこでのリーダーシップのあり方は、組織をトップが一人で懸命に引っ張る支配型リーダーシップではなく、組織の理念やビジョン、方向性を決めたら、実際のオペレーションは現場に任せ、トップには現場が動きやすいように支援・サポートしていくサーバント（支援型）リーダーシップが求められます。

メンバーたちが自身のアイデアによって、練習内容も方法も、試合での戦略も戦術

もどんどん変えて構わないという裁量と自主性、自律性を与えていかないと、「プレイ」の能力は伸ばせません。トップやマネジャーが口を出したくなるところをいかに我慢できるかも、重要な勘所です。

そうして育成された人材（プレイヤー）は、ロボットやＡＩが職場で幅をきかせる時代になっても、ますます活躍できると信じています。

KEY TAKEAWAYS
第6章の重要ポイント

□「奪う人」から「与える人」への成長を促す

組織は「自分さえよければ構わない」という私的感覚を持った人の集団になりがちだ。トップやリーダーが「人材像」「ロールモデル」の中に「与える人」「成長マインドセット」の概念を組み込むと同時に、自分自身が先頭に立って行動してみせることが欠かせない。活力を生む組織文化は自然にできるものではない。その枠組みは、トップが自分のビジョンや価値観、マインドセットを意図的に落とし込んで、できあがるものだ。

□安定志向と惰性が組織文化の大敵

組織というのは、放っておくと「安定志向」に走りやすい。ビジネスにおいてもスポーツにおいても、過去に成功体験があると、それにとらわれてルールや習慣が形成されていく。だからこそ、トップやリーダーが意識的に、新しい挑戦や変革に取り組み、その流れから脱する必要がある。毎年、前年より少しでも上をめざすなら、失敗のリスクを覚悟した上で、新しい挑戦にトライすることが欠かせない。

力」や「心理的圧力」がパフォーマンスを高めると信じています。

常勝集団をめざすのであれば、直接的動機を増やし、間接的動機を減らす方向にリーダーが大胆に舵を切るべきだと私は考えます。「モチベーション2.0」から「モチベーション3.0」への進化にぜひトライしてみてください。

間接的動機の3要素

	概要	影響
感情的圧力	失望や罪悪感、不安、恥をかきたくないという心理から生まれる圧力	△
経済的圧力	ボーナスをたくさん欲しい、昇進したい、解雇や減給などの懲罰を逃れたいと考えたときに生じる圧力	×
惰性	これといった理由もなく、ただ昨日までやっていたから今日もするという状態	××

参考資料：『マッキンゼー流 最高の社風のつくり方』（ニール・ドシ、リンゼイ・マクレガー著、野中香方子訳、日経BP社）

岩出教授の
「勝利を引き寄せる」
心理学講座

|09|
間接的動機

「圧力」と「惰性」を減らす

　パフォーマンスを高める「直接的動機」とは反対に、パフォーマンスを悪化させるのが「間接的動機」で、その基本要素は「感情的圧力」「経済的圧力」「惰性」です。

「感情的圧力」は、失望や罪悪感、不安、恥をかきたくないという心理から生まれます。これが仕事の動機になっている場合、高いパフォーマンスはあまり期待できません。周りからどう見られるかを非常に気にする人は、感情的圧力を強く感じています。ただ、感情的圧力は、経済的圧力や惰性に比べれば強くありません。

「経済的圧力」は、ボーナスがたくさん欲しい、昇進したい、逆に解雇や減給などの懲罰を逃れたいなどの心理が動機になった時に生じます。自分では無意味と思っていても「仕事だから」と思って働いている場合がこれに当たります。報酬や懲罰回避だけが動機になっている場合は、パフォーマンスが大幅に下がります。

　それ以上に悪影響を及ぼすのが「惰性」です。これといった理由もなく、ただなんとなく働いている状態は、最もパフォーマンスを押し下げ、その人だけでなく、周囲のモチベーションも引き下げてしまいます。

　従来の体育会系組織だけでなく、日本の企業のほとんどが、「モチベーション2.0の世界」で動き、そのリーダーたちは「経済的圧思います。

実は、マズローは、自己実現欲求の上に「自己超越欲求」というものを考えていました。これは、自分だけでなく他者も幸せにしたいという欲求です。私たちもラグビーの活動を通じて、「授けられる人」から「与える人」になることを人材育成の目標に掲げており、大いに共感できます。

マズローの欲求5段階説

自己実現欲求 ……「能力を100%発揮したい」
承認（尊重）欲求 ……「仲間から尊敬されたい」
社会的欲求／愛と所属の欲求 ……「他者に受け入れられたい」
安全欲求 ……「生活の安心を確保したい」
生理的欲求 ……「生きるために食べたい、寝たい」

参考資料：A.H.Maslow(1943); A Theory of Human Motivation,Psychological Review,50,370-396.

岩出教授の
「勝利を引き寄せる」
心理学講座

|10|

マズローの欲求5段階説

自己実現欲求に向けて成長するには

モチベーションについて語る時、避けて通れないのは、米国の心理学者、アブラハム・マズローが提唱した「欲求5段階説」です。これは人間の欲求を低位から順に、生理的欲求、安全欲求、社会的欲求／愛と所属の欲求、承認（尊重）欲求、自己実現欲求の5段階の階層に分け、これらの欲求は低位の層から順次満たされ、最終段階では「自己実現」をめざすとしています。

生理的欲求は生命を維持するための食事・睡眠・排泄などの欲求、安全欲求は生活を脅かす要因から身を守ろうとする欲求、社会的欲求／愛と所属の欲求は、所属集団から受け入れられ、仲間はずれを避けたいという欲求です。承認（尊重）欲求は二つに分かれ、低次の承認欲求は他者からの尊敬、高次の承認欲求は自己尊重感を求めます。最上位層の自己実現欲求は、自分が持つ能力を最大限発揮しさらなる成長を遂げたいという欲求です。

帝京大学ラグビー部で実践していること、すなわち、1年生の雑用をできるだけ減らし、安心して生活できる学生寮を設置し、上級生の温かいサポートに包まれて生活することは、安全欲求と社会的欲求を満たすことに貢献するかもしれません。生理的欲求から社会的欲求までは外的な欲求なので、環境をしっかり整えてあげれば、その上の承認欲求や自己実現欲求の段階にたどり着きやすくなると

「体感時間3秒の『現在』に、いかに集中できるか。
勝負強さの鍵がそこにある」

第7章

常勝集団を築くためのリーダーの心構え

本章では、これまで述べてきたことの復習も兼ねて、常勝集団をつくるために、リーダーの視点でやるべきことを整理していきたいと思います。

リーダーの心構え 1

まずはトップが変わる

組織をもっと活性化させたい、閉塞状況から抜け出したいと考えているのであれば、まず組織のトップが、自分のマインドセットを「固定マインドセット」から「成長マインドセット」に変えていかなければなりません。

「いまどきの若者は覇気がない」「自発性に乏しい」という不満を、経営者や幹部の方からよく聞きます。そして「どうしたら彼らを変えられるのか」と尋ねられます。

こうした問いに対する私の答えは、決まっています。

「社員を変えようとするのではなく、まずはあなたが変わってください」

なぜなら、社員たちの普段の行動や意思決定のやり方、そしてマインドセットは組織文化によって大きな影響を受け、大半の社員が同じ流儀を知らず知らずのうちに身につけていくもので、その文化はトップの意向そのものだからです。

人は自分が思っている以上に、組織文化の影響を受けます。人の脳には「ミラーニューロン」というモノマネをする神経細胞があり、他者の行為や意図の理解や学習に役立つことがわかっています。人間にはモノマネの才覚があるからこそ、文化や文明を継承して繁栄できたのでしょう。

愚痴が多い人がトップの組織は、メンバーも愚痴ばかりこぼしている、トップが明るい会社は、社員も明るい。

トップが何かを組織文化に組み込んでいきたいなら、まずトップ自身がそれを実践することが欠かせません。トップの行動をいつの間にか社員たちが真似するようになり、いつの間にか定着していきます。社員の自発性ややる気は、口先で指示命令して引き出せるものではありません。

また、人間関係を変えたいと思うならば、相手を変えようとするよりも、自分が変わるほうがはるかに簡単です。イソップ寓話『北風と太陽』にもあるように、外側から強引に変化させようとしても、人の考え方や行動は、そう簡単に変わるものではありません。

リーダーの心構え 2

落ちこぼれをつくらない「7割の法則」

本書でも触れてきたように、ラグビーで試合に勝つことも重要ですが、それ以上に、ラグビーという活動を通じて人間としていかに成長できるかを目標に掲げています。約140人の部員のうち、1軍メンバーであるAチーム23人だけでなく、部員全員が卒業後、社会に出て活躍し、周りから尊敬され慕われるような存在になってほしいと願っています。

そのためにも、落ちこぼれは出したくありません。そこで重要になってくるのが目標設定です。目標が高すぎると、次々と脱落者が出てくるし、低すぎると簡単すぎてだらけてしまう。ちょうどいいのが、メンバーの7割くらいが達成できそうな難易度です。

それには理由があります。集団行動を取ることで知られるミツバチやアリには、集団の3割が働き者で、4割は普通、残りの3割はあまり働かない、という傾向があり、下位の3割を取り除いても、しばらくすると再び、3割、4割、3割の集団に分かれるそうです。これを「3・4・3の法則」と言います。

この法則が興味深いところは、あまり働かない層を切り捨てても、残った部分から再び働かない層が発生することです。

3層になることは避けられないかもしれないが、各層の差を縮めていくことならできると私は考えます。その意味で、特に4年生が卒業してチームが新しくなる春から夏にかけては、普通のレベルに合わせた目標をチームとして設定することが、最適ではないかと考えます。

不思議なことに、このレベルにすると、残りの3割の人も、「メンバーの大半がクリアできるのであれば、自分にもできるかも」とやる気になってくれます。

一方、上位の3割は、放っておいても自分で高い目標を設定し、努力していくので、結果としてチーム全体のレベルが底上げされていきます。

リーダーの心構え 3

CEOのCは「文化（カルチャー）のC」

組織文化というものは、はっきりとした形が見えません。そのため、組織文化は自然にできていくもので、意図的に関与できるものではないという誤解を生みがちです。「企業文化は戦略に勝る（Culture eats strategy for breakfast）」という言葉（ピーター・ドラッカーの言葉という説もある）があるように、組織文化は、マネジメントの中で最も大切なものと言っても過言ではありません。

企業文化とは、ぬか漬けのぬか床のようなものです。よいぬか床であれば、さまざまな特徴のある野菜を漬けても、おいしく漬かっていきます。よいぬか床にするには、毎日混ぜ返したり、ぬかや塩を足したり、風味づけや防腐のために唐辛子を入れたりと、手入れが欠かせません。

組織文化もトップが精魂込めてメンテナンスしていかないと、すぐに質が悪くなっていきます。鮮度を保つには、常にイノベーションを起こし、新しいことへの挑戦などの刺激が欠かせません。特に、モチベーションを引き下げる最大の敵である「惰性」には注意を払わなければなりません。

マイクロソフトCEOのサティア・ナデラ氏は、「CEOの『C』は、カルチャーの『C』だ」と述べていますが、慧眼だと思います。組織文化ほど、トップの意向やマインドセットが反映されるものはありません。このマネジメントをしっかり行えば、トップが現場のマネジメントにこまごまと口をはさまなくても、社員たちはミッションに従って自律的に動いてくれます。

カルチャー以外にも、「C」が頭文字の単語には、チェンジ（change）、チャレンジ（challenge）、キャプテンシー（captaincy）、クリエーティブ（creative）など魅力的なものが数多くあり、我々の活動にもフィットしています。そこで、２０１８年度は「楽しさ（楽しくする力をつける）」とともに、『C』を創ろう」というメッセージを選手に送っています。そして今年度もチャンピオン（champion）になります。

リーダーの心構え 4 おもしろおかしく

トップやリーダー自身が大いに楽しむことです。私の場合、人が成長していくのを見ることに無上の喜びを感じます。大学では毎年、学生が4分の1ずつ入れ替わるので、いつも新鮮な気持ちで取り組めますし、「前年のチームを超えるために何かイノベーションを起こせないか」をいつも考えています。

２０１７年度は、活動テーマに「楽しさ」を掲げ、実践しました。楽しさこそが最高のモチベーションと、人間的な成長をもたらすものだからです。楽しさに関するトップの心構えとして参考になるのが、京都の検査機器メーカー、堀場製作所の社是「おもしろおかしく」です。

仕事はつらいものではなく、本来は楽しいもので、社員が仕事をおもしろいと感じ、楽しんで取り組めば高い成果が生まれ、その結果、会社も伸びる、と創業者の堀場雅夫さんは考え、こんなユニークな社是をつくりました。

楽しさはフローにもつながります。ですから、「おもしろおかしく」という社是は、非常に理にかなっています。社是を定めたのは1978年。なんと、私が大学生のころです。まだ、多くの人が「仕事を楽しむ」という言葉に違和感を持つ時代でしたから、英断だったと思います。

トップは、組織のメンバーが「おもしろおかしく」働ける環境を整えなくてはなりません。そのためには、ビジョンやミッションといった大枠の目標設定をしたうえで権限委譲を進め、具体的なやり方は各メンバーの創意工夫に任せていく必要があります。トップや経営層は、各メンバーの活動のサポート役、あるいはメンターとなり、逆三角形型の組織をめざすべきです。

他者貢献は楽しいし、これ以上、やりがいがあることはなかなか見つかりません。私は学生の成長をサポートするのがとても楽しいと感じます。

リーダーの心構え 5

トップは演出家である

ラグビーでも企業経営でも、主役は人です。そして、脚本を書き、舞台を整え、配役を決め、演技を指導するなど裏方の仕事が、経営陣の役割です。

私たちは1月上旬に行われる大学選手権決勝で勝利することを結果目標に掲げ、その1試合に向けて、いかにチームを盛り上げていけるかを、いつも考えています。

帝京大学ラグビー部には約140人の部員がおり、1軍に当たるAチームの下にB～Dチームまであります。大学選手権や関東大学対抗戦の試合に参加できるのはリザーブメンバーも入れて23人だけ。このメンバーの選出に関して、大学選手権の初戦までは、単純にラグビーの実力で判断するのではなく、数名の特別枠を設けて選んでいます。

特別枠の判断基準ですが、いくつかあります。まずは、その選手を選ぶことによって、チーム全体が盛り上がること。たとえば、BチームとCチームからの抜擢です。BチームやCチームで努力し、チームメイトからも認められている選手を抜擢すると、ラグビー部全体が活性化します。

毎年、12月末に、慶應義塾大学さんとB、Cチームを主体とした4年生同士で練習試合をやらせていただいています。両校とも翌1月に、大学選手権を控えていますが、Aチームに選ばれない選手にとっては、実質的に大学生活最後の試合となります。ですから、選手は気合が入りますし、選手のご両親なども息子の最後の試合を見ようと、遠くから駆けつけます。

慶應義塾大学さんも本気で対戦してくださるので、試合は毎年白熱します。この試合で活躍した4年生も、特別枠の有力候補です。

ほかにも、長期的な育成の視点で、1年生を意識的に大事な試合で起用します。チームの軸となりそうな選手は、多少未熟でも1年生のうちから試合を経験させます。こちらはエリート枠と言えるかもしれません。

また、演出という点では、あえて相手を徹底的に分析せずに試合に臨むこともあります。負けたら終わりのトーナメント戦では、もちろんそんなリスクは取りませんが、対抗戦のように総当たりのリーグ戦で、意図的にそういう要素を入れることがあります。決して手を抜いているわけではありません。選手は全力で試合に臨みます。ただ、綿密な戦略を持たずに、フラットな状態で戦う。そうすることによって、ある意味で、素の実力が試せるわけです。

当然、試合は接戦になり、実際に負けたこともあります。こうした緊張感あふれる試合、あるいは負け試合は、チームの士気や危機感を高めるのに、とても貴重な経験となります。

すべては、大学選手権の決勝に照準を合わせてのことであり、その日にどんなチーム状態で臨めたら最高かを1年前から想像しながら、選手という役者の演出をしています。

リーダーの心構え 6

見えない資産で差をつける

最近、つくづく思うのは、見えないものほど大事だということです。目に見えるものはすぐ真似されてしまいます。

帝京大学ラグビー部では、体づくりや体調管理に科学的な手法をいち早く導入し、それが大学ラグビーのその後のトレンドになりました。東京都日野市のクラブハウスの脇には同時に50人が使える「ウエイトトレーニング場」があり、管理栄養士による栄養面でのサポート、月に1回の血液検査、栄養士・トレーナー・フィジカルコーチがタッグを組んでのトレーニングとケアなど、手厚いサポート体制が敷かれています。まだ、私たちのほうが一歩先を行っている部分もあるかもしれませんが、こうした面での差は、ほとんどなくなってきています。

よいものは、他校も当然取り入れていきます。けれども、目に見えないものは、なかなか真似できません。そこが帝京大学ラグビー部のコアコンピタンス、つまり真の強みです。

目に見えない部分とは、本書で述べてきた「体育会系イノベーション」や、成長マインドセットを軸にした自律型学習組織や組織文化などです。

たとえば、「体育会系イノベーション」については、他校からはあまり理解されていないようです。うちの4年生が他校の4年生から「帝京は大変らしいな。4年生がいろいろと雑用をやらされて」という言葉をかけられて戸惑ったという話をよく聞きます。

うちの4年生にとってみれば、1年生の時に上級生からしてもらったことをいまの1年生にしているので当然という感覚ですが、他校の学生からは、単に雑用を押しつけられているようにしか見えないし、「体育会系イノベーション」の真の意味もわからないわけです。

また、本書で強調してきた、モチベーション、フローといった心理的なマネジメントも、目に見えない武器であり、コアコンピタンスになっています。こうした見えない資産をいかにたくさんつくっていけるかが、トップやリーダーに課せられた最重要課題だと考えています。

力や進化のプロセスが実感しやすいからだと思います。ラグビーでも仕事でも、この考え方を組織メンバーの目標設定にうまく取り入れていくと、成果が出やすくなるはずです。

達成動機の強い人には、成功確率50％の課題を与えよう

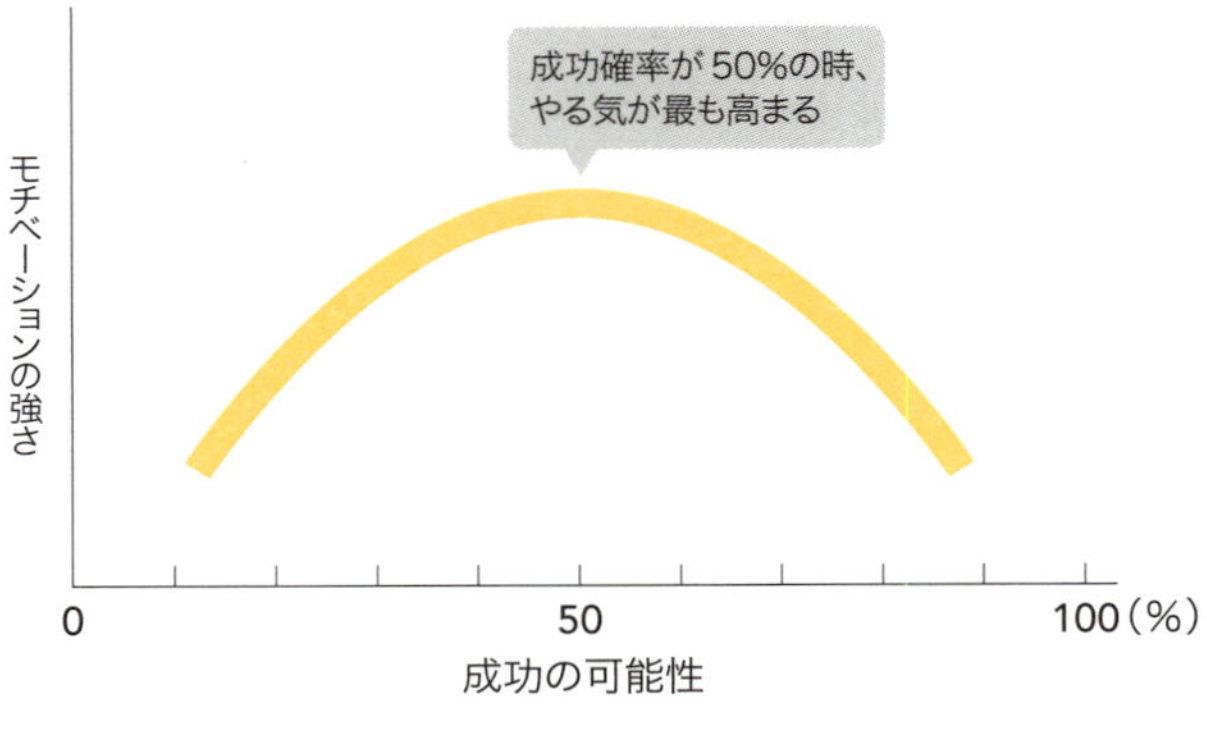

参考資料：Atkinson, J.W. (1957); Motivational determinants of risk-taking behavior, Psychological Review 64, 359-372.

岩出教授の
「勝利を引き寄せる」
心理学講座

|11|
達成動機

最もやる気になるのは成功確率50%の時

目標設定する時や何らかの課題に取り組む時、どの程度の難易度のことに取り組むかは、なかなか悩ましいものです。実は、その難易度の設定次第で、結果も大きく左右される可能性があるのです。

米国の心理学者、J・W・アトキンソンは、何かを成し遂げたいという達成動機の強さは、「達成したいという動機（成功動機－失敗回避動機)」と「期待（主観的な成功確率)」と「インセンティブ（目標の魅力)」の三つの要因で決まると考えました。そして、何かを達成したいというニーズの強い人が最もやる気になるのは、本人が思い描く成功確率が50%の時である、ということを示しました。

まず、大前提として、「達成したいという動機（成功動機 － 失敗回避動機)」がプラスになっていることが重要です。ここがマイナスだと、そもそも行動を起こす気になりません。その前提の上で、難易度を考えてみましょう。課題の成功確率が高すぎると、簡単にできてしまうので面白くなく、やる気は出てきません。逆に、成功確率が低すぎると「どうせできるわけない」というあきらめが先に来て、やる気が下がります。

最もやる気になるのは、成功確率が五分五分の課題の時です。図に表すと、ちょうど逆U字型になります。

その理由は、少し努力すれば成功体験を得られるので、自分の努

普段の練習時から、選手一人ひとりがOODAループを素早く回すことを意識して活動することのほか、コーチや先輩や同僚と、自分のOODAループをPDCAで振り返ることも欠かせません。

メンバー全員がＯＯＤＡループを素早く回せるようになった時、全員がリーダーシップを発揮できる強い組織ができあがります。

OODAループ

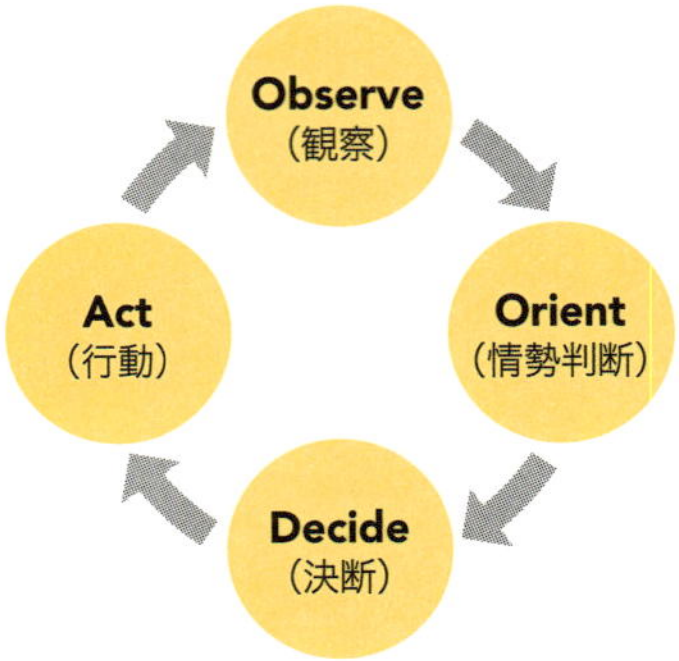

参考資料：Defence And National Interest, John Boyd Compendium, http://dnipogo.org/john-r-boyd/

岩出教授の
「勝利を引き寄せる」
心理学講座

|12|

OODAループ

PDCAでは間に合わない瞬時の意思決定

ビジネスでは、よくPDCAサイクルを回せ、と言われます。計画（plan)、実行（do)、評価（check)、改善（action）を繰り返すことによって、業務を継続的に改善できるようになります。ラグビー部の活動でも、PDCAはとても重要なマネジメントツールです。

これと似たような四文字の略語で、OODAループをご存じですか。まず読み方ですが、ウーダループと言い、観察（observe)、情勢判断（orient)、決断・仮説（decide)、行動・試行（act）の頭文字を取っています。

もともとOODAループは米国空軍の元パイロットで軍事戦略家のジョン・ボイドが開発したものです。朝鮮戦争の時、米空軍のF86戦闘機は、ソビエトのMig15よりもカタログ上の性能は劣っていましたが、ボイドは次々と敵機を撃墜し戦果を上げました。その実績をベースに勝因分析をしてたどり着いたのが、OODAループというわけです。

PDCAは、組織単位で比較的長い時間をかけて行うものですが、OODAループは、個人がその場の状況に応じて瞬時に判断し、行動するという違いがあります。瞬時の判断を迫られた時、人は無意識のうちにOODAループを回そうとしますが、重要なのは素早く、正確に、組織の方針に合った判断を下すことです。そのためには、

あとがき

本書の執筆は、２０１７年の2月にスタートしました。大学選手権8連覇を達成した後で、本書の出版には9連覇が暗黙の「前提条件」となっていました。自信はありましたが、なにせ勝負の世界は実際にやってみなければわからない。

実は２０１７年度、練習試合を含めて、帝京大学ラグビー部のAチームは一回も負けていません。これは過去に例がありません。２０１７年度の最終戦となった大学選手権決勝を前に、そこにかすかな不安を感じました。

本書ではここまで「勝ち続けること」について書いてきましたが、勝つためには「負ける経験」も重要です。勝負に負けても、そのとらえ方ひとつで、負けは貴重な経験に変わる。負けの経験は、人を大きく成長させるパワーを秘めています。その意味では、トップリーグのチームを含めて日本一を競うラグビー日本選手権に、２０１７年度から大学チームの出場枠がなくなり、トップリーグのチームとの公式戦の対戦機会がなくなったのは残念です。

２０１６年度までは、「打倒トップリーグ」というハードルの高い「結果目標」を据えて活動してきました。実際、２０１４年度に、トップリーグのＮＥＣグリーンロケッツに31対25で勝ちました。目標を非常に高いところに置くと、そこに行き着くまでの地点はすべて通過点となり、難易度のレベルが相対的に低くなったように感じます。つまり、「打倒トップリーグ」を目標にしていると、大学選手権は通過点に過ぎません。だから、のびのびと戦えたわけですが、２０１７年度は大学選手権決勝が最終戦となり、通過点ではなくなりました。

そこで私は考えました。大学選手権決勝が通過点になるような、ハードルの高い新たな目標が何かないか、と。試行錯誤の末にふとひらめいたのが、本書で詳しく説明した「楽しさ」を活動に組み込むことでした。

楽しさは「究極のモチベーション源」です。実現の難易度の高さとしては、申し分のない目標でした。

それを聞いた学生たちは、「いったいどういうこと?」と、最初は戸惑ったはずです。練習や筋トレには、苦しくてつらいイメージがつきまといます。それをどうやったら楽しめるようになるのか。春ごろには、そのことについて学生たちがよく話し合っていたようです。

でも、学生たちは徐々に気づいてくれました。自分の感情・心理をコントロールする訓練を日常の生活から行うこと、過去や未来にとらわれず、体感時間がわずか3秒の現在に心理的エネルギーを集中させて、丁寧に時間を過ごすこと、仲間に共感し相互理解を深めること、そして何よりも普段から笑顔でいることが大切だと――。

プロローグにも書きましたが、大学選手権決勝は、明治大学さんと対戦し、1点差で勝利しました。高いレベルの戦いができて、明治大学さんには本当に感謝しています。負けを知らなかった学生たちでしたが、大接戦を制したことで、彼らがかけがえのない経験を得られたことをうれしく思います。

おかげで本書も、無事、出版にこぎ着けられました。

私は心理学者ではありませんが、教育に携わる者、そして組織のリーダーとして、心理学を現場に取り入れて実践してきた自負はあります。いろいろな理論・学説をいいとこ取りで活用し、解釈も自己流の部分があるので、いい面も悪い面も含めて「岩出式」です。私が実践している心理学にアカデミックな厳格さはありませんが、「岩出式」は実用性が高く、リーダーとしての楽しみもあり、結果が出ます。

人が成長していく姿を見るのは、リーダーにとって無上の喜びです。一度その味を知ったらやめられません。「監督業は大変でしょう」とよく聞かれますが、私は学生が人間的に（特にメンタル面で）ぐんぐん成長し、入部時とは見違えるように変わっていく姿を見るのが、楽しくて仕方ありません。

本書を読んでいただいた方々にも、ぜひその醍醐味を味わっていただきたい。

科学は実際に活用してこそ、その価値がわかるものです。

本書が、ビジネスリーダーの方々の日々の活動に少しでも役立てば、これほどうれしいことはありません。

私がこのような本を出版できるのも、すべてはラグビー部の学生たち、いつも献身的に支えてくれるラグビー部のスタッフ、帝京大学関係者、特にスポーツ医科学センターの皆さん、学生の保護者の皆さん、ラグビー部ＯＢの方々、ラグビーフットボール協会並びに各大学関係者、そして、多くの選手を送り出してくださる高校の指導者の皆さんのご支援、ご尽力のおかげです。誠にありがとうございます。

また、八幡工業高校ラグビー部監督時代に、それほど大きな実績のなかった私を、ラグビー高校日本代表のコーチに抜擢していただいた川村幸治先生（当時、大阪府立布施工業高校ラグビー部監督、高校日本代表監督、現・学校法人大阪国際学園・副学園長）、その後、私を帝京大学ラグビー部監督に推挙してくださった増村昭策先生（元帝京大学ラグビー部部長・監督、現・帝京大学ラグビー部名誉顧問）に、感謝申し上げます。このお二方がいなければ、そもそも私が帝京大学ラグビー部監督になることはなく、9連覇達成に関わらせていただくこともありませんでした。

そして、いかなるときも、私たちラグビー部の活動を温かく見守り、応援し続けてくださっている帝京大学の冲永佳史学長、冲永寛子副学長に、厚く御礼申し上げます。

さらに、本書の編集を担当していただいた日経BP社出版局の沖本健二氏にも、感謝申し上げます。大学選手権決勝が大接戦になったことで、本書を出版できるかどうか気をもまれたと思います。しかし、接戦になったからこそ、本書で書いた「楽しさ」が持つパワーや勝負強さをリアルに感じていただける絶好の機会となり、結果的によかったと思っています。

このほかにも、数多くの方々に、帝京大学ラグビー部の活動を応援していただいており、それがなければ9連覇達成もなく、本書も生まれませんでした。この場を借りて心より御礼申し上げます。

岩出 雅之

『企業の人間的側面』（ダグラス・マグレガー著、高橋達男訳、産業能率大学出版部）
『仕事と人間性』（フレデリック・ハーズバーグ著、北野利信訳、東洋経済新報社）
『モチベーション3.0』（ダニエル・ピンク著、大前研一訳、講談社）
ダニエル・ピンク「やる気に関する驚きの科学」、TEDGlobal 2009, https://www.ted.com/talks/dan_pink_on_motivation?language=ja
『記憶について』（ヘルマン・エビングハウス著、宇津木保訳、誠信書房）
『マインドセット』（キャロル・S・ドゥエック著、今西康子訳、草思社）
『人を伸ばす力』（エドワード・デシ、リチャード・フラスト著、桜井茂男訳、新曜社）
『フロー体験　喜びの現象学』（ミハイ・チクセントミハイ、今村浩明訳、世界思想社）
『フロー体験入門』（ミハイ・チクセントミハイ著、大森弘訳、世界思想社）
「ミハイ・チクセントミハイ：フローについて」TED2004, https://www.ted.com/talks/mihaly_csikszentmihalyi_on_flow?language=ja
『マッキンゼー流 最高の社風のつくり方』（ニール・ドシ、リンゼイ・マクレガー著、野中香方子訳、日経BP社）
『ヒット・リフレッシュ』（サティア・ナデラ著、山田美明／江戸伸禎訳、日経BP社）
『天才・イチロー　逆境を超える「言葉」』（児玉光雄著、イースト・プレス）
『激動社会の中の自己効力』（アルバート・バンデューラ著、本明寛／野口京子監訳、金子書房）
『GIVE & TAKE「与える人」こそ成功する時代』（アダム・グラント著、楠木建監訳、三笠書房）
『アドラー心理学入門』（岸見一郎著、ベストセラーズ）
『個人心理学講義』（アルフレッド・アドラー著、岸見一郎訳、アルテ）
『人間性の心理学』（アブラハム・マズロー著、小口忠彦訳、産業能率大学出版部）
『イヤならやめろ！（新装版）』（堀場雅夫著、日本経済新聞出版社）
A.H.Maslow(1943); A Theory of Human Motivation,Psychological Review,50,pp.370-396.
Atkinson, J.W. (1957); Motivational determinants of risk-taking behavior. Psychological Review 64, 359-372.
Classics in the History of Psychology, An internet resource developed by Christopher D. Green, York University, Toronto, Ontario, http://psychclassics.yorku.ca/Ebbinghaus/memory7.htm
Defence And National Interest, John Boyd Compendium, http://dnipogo.org/john-r-boyd/
Glucksberg, S. (1962); The influence of strength of drive on functional fixedness and perceptual recognition. Journal of Experimental Psychology, 63（1）, pp.36-41.
Herzberg,F.(1968),'One more time: how do you motivate employees'. Harvard Business Review, vol.46, no.1, pp.53-62.
Lepper, M. P. & Greene, D. & Nisbett, R. E.; Undermining children's Intrinsic interest with extrinsic reward: A test of the "overjustification" hypothesis. JPSP, 1973, 28, pp.129-

137.

Nakamura.J.& Csikszentmihalyi.M.(2009);The concept of flow. In Snyder,C.R.& Lopez,S. J.(Ed.), Oxford handbook of positive psychology; Oxford University Press, USA. pp89-105.

Rosenthal, R. & Jacobson, L.;"Pygmalion in the classroom", New York: Holt, Rinehart & Winston 1968

Ryan,R.M. & Deci,E.I.;"Self-determination theory and the facilitation of intrinsic motivation, social development,and well-being".American Psychologist,Volume 55 (1),January 2000.pp.68-78.

著者紹介

岩出雅之
いわで・まさゆき

帝京大学ラグビー部監督、帝京大学スポーツ医科学センター教授。1958年和歌山県新宮市生まれ。1976年和歌山県立新宮高校卒業、1980年日本体育大学卒業。大学時代、ラグビー部でフランカーとして活躍し、1978年度全国大学ラグビーフットボール選手権大会で優勝の原動力になり、翌年度、主将を務めた。教員となり、滋賀県教育委員会、公立中学、高校に勤務。滋賀県立八幡工業高校では、ラグビー部監督として同校を7年連続で花園（全国高等学校ラグビーフットボール大会）出場に導いた。高校日本代表コーチ、同監督を歴任後、1996年より帝京大学ラグビー部監督。2009年度全国大学ラグビーフットボール選手権大会で創部40年目に初優勝。以来、2017年度まで9連覇を続けている。著書に『負けない作法』（共著、集英社）、『信じて根を張れ！ 楕円のボールは信じるヤツの前に落ちてくる』（小学館）がある。

常勝集団のプリンシプル
自ら学び成長する人材が育つ「岩出式」心のマネジメント

2018年3月5日　第1版第1刷発行
2018年3月26日　第1版第3刷発行

著　　者	岩出 雅之
発 行 者	村上 広樹
発　　行	日経BP社
発　　売	日経BPマーケティング 〒105-8308 東京都港区虎ノ門4-3-12
編集・企画協力	田中 安人（株式会社グリッド）
写　　真	志賀 由佳

ブックデザイン	遠藤 陽一
DTP制作	河野 真次
編集担当	沖本 健二
印刷・製本	中央精版印刷株式会社

Printed in Japan　ISBN 978-4-8222-5554-1

本書籍に関するお問い合わせ、ご連絡は下記にて承ります。
http://nkbp.jp/booksQA